自动成交

成功说服他人的
理念销售法

陈效 著

电子工业出版社
Publishing House of Electronics Industry
北京·BEIJING

内容简介

本书从初识理念销售法、词语、句式、段落、篇章、拒绝性问题处理等角度，系统、全面地介绍了理念销售法。通过阅读本书，销售人员可以更好地说服客户，提升自身的业绩；普通读者可以提高自身的表达能力，成为沟通高手。

未经许可，不得以任何方式复制或抄袭本书之部分或全部内容。
版权所有，侵权必究。

图书在版编目（CIP）数据

自动成交：成功说服他人的理念销售法 / 陈效著. — 北京：电子工业出版社，2023.10
ISBN 978-7-121-46234-4

Ⅰ.①自… Ⅱ.①陈… Ⅲ.①销售－方法 Ⅳ.①F713.3

中国国家版本馆CIP数据核字（2023）第165235号

责任编辑：王陶然
印　　刷：鸿博昊天科技有限公司
装　　订：鸿博昊天科技有限公司
出版发行：电子工业出版社
　　　　　北京市海淀区万寿路173信箱　邮编：100036
开　　本：787×1092　1/32　印张：7.75　字数：148千字
版　　次：2023年10月第1版
印　　次：2023年10月第1次印刷
定　　价：69.00元

凡所购买电子工业出版社图书有缺损问题，请向购买书店调换。若书店售缺，请与本社发行部联系，联系及邮购电话：（010）88254888，88258888。
质量投诉请发邮件至zlts@phei.com.cn，盗版侵权举报请发邮件至dbqq@phei.com.cn。
本书咨询联系方式：（010）57565890，meidipub@phei.com.cn。

前言

学习理念销售法，
成为让客户自动成交的顶尖高手

我们都知道，初级的销售讲解产品，中级的销售挖掘卖点，高级的销售改变观点。

在销售实战中，我们很难成功说服客户，因为客户的观点总是顽固的，除非我们具备把自己的观点"植入"客户的头脑中，或者悄无声息地"修改"客户头脑中最顽固的观点的高级技能。当我们具备了对客户的观点"重新编程"的能力，客户就会按照我们设定的"新程序"自动成交。

在过去，改变客户的观点往往是顶尖销售高手掌握的"可悟不可言"的技能，且缺乏系统的研究和教学手段。但现在，本书将提供给你想要的答案以及相关的系统训练方法，帮助你成为改变客户观点、让客户自动成交的顶尖高手。

本书应该是目前图书市场上少有的，能把销售实战中最玄妙、最难以捉摸的部分讲解透彻的著作。同时，本书也将教会你拨开层层迷雾，发现销售中深度影响客户选择的因素，让你真正地掌握"改变客户观点"这个看似需要天赋，只有顶尖销售高手才能掌握的技能。即使你是一位没有任何基础的销售新人，通过对本书的学习，你也可以逐步掌握一门让自己终身受用的学问。

我是一名有17年培训经验的职业培训师。早在2006年，我就获得NLP（神经语言程序学）高级执行师证书，也是中国（除港澳台之外）最早的一批受过NLP系统训练的学员。NLP是一门研究人类语言结构的学科，属于现代心理学。通过学习这门学科，我打下了扎实的语言逻辑功底。

NLP是一门普适性的学科，所以我一直希望能在某一具体行业中，继续深入研究NLP的落地应用。2008年，机缘巧合，我进入寿险行业，并负责银行保险业务（寿险公司服务商业银行，协助其代理销售保险产品的业务）。于业内深耕十余年，我从普通员工晋升至某省级分公司业务发展部总经理，继而决定自主创业。如今，我创立的管理咨询公司依然专注于服务全中国的银行保险业。

在那十余年的寿险业工作中，我发现，在很多情况下，即使寿险销售员掌握了足够的专业知识，依然不能顺利成交。那么，成交的秘密究竟是什么呢？我开始观察高级寿险销售员，发现他们在和客户面谈的过程中，甚至没有讲过具体的产品，而只是用一套自己独有的语言逻辑体系改变了客户的观点。或者说，高级寿险销售员在结合专业知识的基础上，构建了一个让客户不可抗拒的观点，从而顺利实现成交。这正好和我之前学过的NLP的核心思想不谋而合。至此，我找到了NLP进一步落地应用的绝佳场景。

后来，我开始总结十余年寿险销售管理中的具体案例，并针对"如何改变客户观点"做了深入而系统的研究，最终创立了理念销售法。

在传统观念里，掌握"改变客户观点"这项技能需要所谓的"悟性"，是老师不能教、学员学不会的"禁区"。更偏激的观点甚至认为，这项技能根本无法言说。

我可以明确地告诉你：这一传统观念是不对的。通过系统的学习和训练，你也可以掌握这项技能，而这正是目前国内销售培训中较少人涉及的。本书的目的就是带领你进入这个"禁区"，用扎实的内容帮助你攻克这个看似玄妙的领域。我将用人人都能听懂、人人都能学会的语言逻辑，帮助你成为改变客户观点、让客户自动成交的顶尖高手。

此外，虽然理念销售法诞生于寿险行业，但并不局限于销售领域。本质上，理念销售法是对语言逻辑结构的基本研究，所以它具备广泛的普适性。在沟通、谈判、管理，甚至亲子教育领域，它也是一项必备技能。因此，无论你是一线销售人员，还是管理者，抑或是职业培训师，完整地学习本书对你都大有裨益。

通过阅读本书，你至少能够做到：

（1）认知观点。本书能提升你对语言的敏感度。完成本书的学习后，你在面对销售、沟通、谈判、管理以及亲子教育等各种情形时，都能敏锐而清晰地发现，真正起决定性作用的是客户的观点，并能找出影响最终结果的核心观点。

（2）植入观点。你将学会如何构建强大而富有逻辑的"先导观点"，并将其顺利地"植入"客户的头脑中。这样，你就能绕开客户的抗拒心理，掌控销售的主动权，进而提升销售的成功率。

（3）修改观点。你将系统地学习如何对客户头脑中最顽固的观点进行松动、修改，甚至重构。当沟通中出现互相冲突的观点时，你能迅速地发现客户观点中的漏洞，并巧妙地组织语言化解矛盾，甚至把客户的抗拒理由转化为购买理由，实现"乾坤大挪移"。

做到以上三点后，你将提升自己的销售能力、表达能力、管理能力、谈判能力，甚至亲子教育能力，成为一个极有逻辑的顶尖沟通者。

当然，成功的销售依然依赖你的专业知识，毕竟任何销售都需要建立在扎实的专业基础上，这是"硬件"。但在强大的语言逻辑加持下，你能够升级自己的"软件"——你的逻辑思维能力，从而实现更好的"催化"效果。我相信，通过完整学习本书介绍的方法，你的销售"内功"将会倍增，你会发现销售是如此令人着迷。

如果你并非一线销售人员，而是普通职员、职业讲师，或是管理者，我依然强烈推荐你阅读本书，因为它隐藏着提升你的沟通能力的"密码"，会让你的表达、授课、管理更上一层楼，做到直指人心。

目 录

CHAPTER 1　初识理念销售法
——它并不神秘

一、客户究竟在为什么买单　002

二、改变人们观点的广告　011

三、如何改变客户的观点　015

CHAPTER 2　词语
——拨开销售的迷雾

一、发现虚泛词：虚泛词是拓展客户需求的钥匙　028

二、用下切的技巧拆解虚泛词　032

三、虚泛词技术之价值观排序法：彻底颠覆 FABE 模式　038

四、卖观点才是真正高级的销售　048

CHAPTER 3 句式（一）

——为客户合理重构需求

一、寻找先导观点：讲产品之前，先定义客户需求　058

二、测试题：我的销售工作是从何时开始的　063

三、观点植入技巧：定义法　070

四、本章练习题　095

CHAPTER 4 句式（二）

——让客户自动鉴别需求

一、二分法：让客户自动成交　102

二、二分法的实战运用　116

三、本章练习题　123

CHAPTER 5 段落
——让客户发现深层需求

一、什么是逻辑三角 130

二、逻辑三角的应用场景 135

三、连环下切 145

四、本章练习题 155

CHAPTER 6 拒绝性问题处理
——如何破解客户需求（上）

一、理念销售的流程 162

二、一场思维辩论赛：语言不等于真相 164

三、处理拒绝性问题的前提：分清借口，学会放弃 168

四、十五种拆解法之三种基本技巧 173

CHAPTER 7 拒绝性问题处理

——如何破解客户需求（下）

一、十五种拆解法之十二种进阶技巧　188

二、练习题：十五种拆解法的组合运用　210

CHAPTER 8 篇章

——融会贯通，顺利成交

一、理念销售五步法　216

二、五步法的具体场景应用　218

写在文末——尊重人，了解人，帮助人　231

CHAPTER 1

初识理念销售法
——它并不神秘

一、客户究竟在为什么买单

从本章开始，我将系统地为你讲解理念销售法。在此过程中，我会通过文字跟你互动，向你提出问题。我喜欢提问题，只有这样才能真正引发你思考，让你认识到自己思维的误区。在阅读本书的过程中，当你看到我提的问题时，我希望你不要急于去看答案，而是先在自己的头脑中思考一下，之后再阅读我提供的答案。这样你会获得更好的学习效果。

■ 示例一：名牌产品

接下来，我要提问了：

很多人喜欢购买名牌产品。你认为，人们究竟在为什么买单？

这是一个很平常的问题。在我线下教学的过程中，对于这个问题，很多学员会马上从两个层面回答——表层和里层。

什么是表层呢？就是显而易见的层面，或者说是产品的特性。比如，有的学员会回答："一般而言，名牌产品的质量更好，比如××包的拉链确实更经久耐用。"有的学员经过进一步思考后会回答："名牌产品不仅质量好，而且服务也非常周到。比如，我们购买了一辆豪华轿车，之后在去4S店做后期保养的时候，能获得'尊享'服务。"可以说，这些学员已经抓住了产品的亮点和优势，或者说卖点。

还有一些学员，他们经过一番思考后，能够触及问题的里层，也就是更深的层面。他们会回答："其实，人们更看重的是购买名牌产品所带来的附加效应，比如匹配自己的身份、社会地位，获得一份尊重。通俗来讲，其实人们是为了'面子'在买单。"之所以说这样的回答触及问题的里层，是因为它已经挖掘到客户的深层需求，比如社会地位、尊严等。

表层
产品特性

里层
客户需求

一般的销售培训，分析到这一层面，也许就终止了。但是，如果在这里终止的话，我认为仍未"见性"。也就是说，虽然上述学员的回答已经触及问题的两个层面，但是还没有深入到理念销售的层次，也没有深入到思维的底层。所以，我准备继续提问。接下来的这个问题，你平常应该很少，甚至从未思考过。也许，一旦我提出这个问题，你就会有一种被冒犯的感觉。这个问题是：

人一定要有面子吗？这是我们的主观观点，还是客观真理？

听到这个问题，大家可能会有两种相反的答案。一种答案是："人要有面子，可能只是一个主观观点而已，并非我们一定要遵循的客观真理。"另一种答案是："人要有面子，是自然而然的事情，当然是一个客观真理。人怎么可以没有面子呢？"

对于这个问题的答案，大家不必太过纠结。你可以进一步思考：有没有某些情况，人通过丢掉面子去获得成功？回答并不难。比如，我国历史故事中的"胯下之辱"。你可以再进一步思考：在我们的生活中，有没有比面子重要得多的东西？当然有。比如，为了生命的安全，或者祖国的尊严，个人的面子就不重要了。因此，"人一定要有面子"只是我们的主观观点，而非客观真理。

示例二：保健品

接下来，我再提一个问题：是保健品好卖，还是保险好卖？答案应该很明确：保健品好卖。那么，你觉得，人们买保健品，又究竟在为什么买单呢？

你可能会回答："人们买保健品，买的当然是健康，是长寿，是高品质的老年生活。"这样的回答完全没问题。但是，我又要继续提问了。这个问题会比上一个问题更加犀利，也更加挑战思维的盲点，那就是：

> 人一定要活得久吗？这是我们的主观观点，还是客观真理？

你可能会好奇，我怎么会提出如此没有常识的问题。人一定要活得久，难道不是显而易见的客观真理吗？在回答这个问题前，我先来讲一个我看过的电影故事。

> 有一个偏远的小村庄，它与世隔绝，一直保持着半原始社会的状态。在那里，一直流传着一个习俗：人一旦年满70岁，就必须离开自己的家庭和村庄，独自走进村庄后的深山里，默默地等待死亡的降临。

乍一听，这是一个很荒诞的习俗，但经过理性的分析，你会发现它也有合理性。这个村庄处于半原始社会的状态，生产力低下，人的重要价值之一是能够干农活，而干农活需要身强力壮。人一旦上了年纪，劳动力就会随之减弱，但一日三餐还要消耗食物。同时，老年人患病也需要年轻人照顾，而这会进一步占用年轻人的劳动时间。当然，这个村庄不可能有社会保险，更不可能有商业保险。因此，对这个村庄的老年人来讲，离开家庭并非最大的悲哀，而是对家人爱与责任的体现。

讲完这个奇特的习俗后，我又要提问题了：如果我有一款保健品，能够帮助人延长生命（但不能让人恢复青春），那么，在这个村庄里，我能够把这款保健品卖出去吗？答案很明显：不能。因为这个村庄里的人没有"人一定要活得久"的想法。

我们可以再进一步思考，人一定要活得久，在有些情况下也不成立。比如，对于军人来说，保家卫国是职责，也是信仰。为了保护国家和人民的安全，他们不惜牺牲自己的生命。所以，"人一定要活得久"也只是我们的主观观点，而非客观真理。

■ 购买行为的三个层面

经过上述分析，我们会发现，在客户的里层需求背后，还隐藏着一个更深层面的观点，即底层观点，也就是客户的价值观。而客户的需求，往往是由客户的价值观决定的。也就是说，表层的产品特性、里层的客户需求是绝大多数人能意识到的，就像露出海面的那部分冰山，而在人们没有意识到的"海面"之下，还隐藏着一个底层观点。

表层
产品特性

里层
客户需求

底层
客户价值观

那么，客户究竟在为什么买单呢？我们从表层产品、里层需求、底层观点这三个层面出发，再来回顾一下之前讲的内容。

◆ 关于名牌产品 ◆

表层产品：质量和服务

里层需求：面子、社会地位、尊严等

底层观点：我选择相信，人一定要有面子

> ◆ 关于保健品 ◆
>
> **表层产品：** 效果和服务
>
> **里层需求：** 健康、长寿、高品质的老年生活
>
> **底层观点：** 我选择相信，人一定要活得久

经过这样的排列后，你会发现，自己看待事物的逻辑变得更加清晰了。这三个层面，是从不同的角度去剖析客户的购买理由的，而在逻辑的底层，往往是客户选择相信的某一种观点或理念。归根结底，人们都在为自己相信的观点买单。

这样讲，你可能会觉得一时难以透彻理解，毕竟，这完全不同于我们平常对于销售的理解。为了帮助你更清晰地理解这三个层面之间的关系，我再举一个例子。

> 一位客户一直保持着重口味的饮食习惯，因为味觉的刺激会给他带来愉悦的感觉。有一天，客户检查身体后，医生叮嘱他，为了健康，他以后需要吃清淡的食物。客户听从了医生的建议，逐渐将饮食习惯改为清淡口味。

在这个例子中，客户的行为发生了改变：从偏好重口味改为偏好清淡口味。如果把口味比作销售工作中的产品，那么，

究竟是什么原因导致客户对于产品的偏好发生了变化呢？我们一步一步来分析。

> **表层产品**：重口味能带来味觉上的满足感
> **里层需求**：口味的满足对我非常重要
> **底层观点**：我选择相信，人一定要吃得爽

以上是客户之前的购买逻辑。当医生的建议作为外力出现以后，客户的购买逻辑发生了改变。

> **表层产品**：清淡口味对健康有益
> **里层需求**：身体健康对我非常重要
> **底层观点**：我选择相信，人一定要活得久

通过上述分析，我们会发现，客户的里层需求由"口味的满足"变为"身体健康"。里层需求之所以会改变，是因为客户在"人要吃得爽"和"人要活得久"这两个价值观中做出了权衡和取舍。这一切最终导致客户的选择由"重口味"变为"清淡口味"。这是一个连锁反应，就像当我们修改了电脑的程序，输出的运算结果也会随之发生改变一样。因此，客户正确的购买逻辑如下所示。

> **底层观点：** 我相信，人一定要活得久
>
> **里层需求：** 相对于"吃得爽"，"活得久"更为重要
>
> **产品匹配需求：** 清淡口味更加健康，有利于"活得久"这一目标的实现
>
> **购买决策：** 我选择清淡口味，这样会更加健康长寿
>
> **购买行为：** 我最终选择改变口味，吃清淡口味的食物

总之，客户的任何一个观点的新增、改变、重构、破解，一定伴随着客户需求的创造、迁移或者改变。客户的需求和客户的观点是一对密不可分、互为表里的"兄弟"。客户相信某一个观点，是我们进行销售逻辑推理的"原点"，也是我们一切后续推理的底层逻辑。因此，我经常说：归根结底，我们都在为自己的观点买单，而我们买不买，取决于我们相信什么。当然，这也从另一个侧面说明了改变客户观点的重要性和难度。因为这无异于直接"修改"客户逻辑推理的"原点"——底层逻辑，或者在客户的头脑中进行一场深刻的"观点革命"。

想象一下，潜入客户头脑的"软件系统"中，直接"修改"客户购买的底层逻辑，是多么激动人心的一件事，而这正是理念销售法要帮你实现的目标。

二、改变人们观点的广告

通过上述讲解,你已经知道人们进行购买时的决策顺序:由表层产品,到里层需求,再到底层观点。你可能会疑惑:医生作为专业人士,自然能顺利地影响客户,而我作为普通的销售人员或者沟通者,能否在生活中运用这样的技巧呢?接下来,我们不妨看一个在生活中深刻影响着我们的例子——广告。

■ 钻石广告

广告是改变人思维的利器。我们的观点时刻都在被身边众多的广告影响着。下面,请试着回答:

钻石在你心中代表着什么?

这个问题的答案要根据性别来进行归类,因为授课的经验告诉我,男学员和女学员的答案截然不同。女学员大多会眼睛闪亮地告诉我:"钻石当然代表着永恒的爱情。"而大多数男学员则会告诉我一个字——贵。确实,在大多数男士心中,钻石代表着高昂的价格。如果我们将这两种说法结合在一起,或许钻石真正的含义就会是：钻石既代表着永恒的爱情，也代表着高昂的价格。一位男士愿意为我付出财富，就代表着他愿意为我付出真心。

你可能会想："钻石代表着永恒的爱情"这个观点不是自然而然的吗？那我要继续提问了："这个观点，你是天生就有的，还是通过后天学习得到的？如果是后天习得的，那又是从哪里习得的？"听完我的问题，你思考后就会发现，自己的观点是被市场植入的，而背后的推手，自然就是那一句被市场营销教科书公认的 20 世纪最伟大的广告语之一："钻石恒久远，一颗永流传。"正是因为这句广告语，钻石和永恒的爱情被画上了等号。

因此，人的观点是可以被植入和被改变的。我讲过，客户的观点和客户的需求是一对密不可分的"兄弟"，所以，每一个观点的成功植入，都意味着我们帮助客户创造或者挖掘了一个需求。

可能有人会提出这样的疑问：既然客户的观点可以被植入或被改变，他们的需求可以被创造或被改变，是不是意味着我可以随意编造、凭空捏造观点？答案当然是否定的。

我们一定要注意，在本书所有的案例中，要想通过我讲的方法取得成功，都必须满足两个先决条件：一是基于事实，而非捏造事实；二是基于互利和善意，而非损害客户的利益。

也就是说，所有能够产生效果的观点重构，必然都是帮助客户站在实事求是的立场，全面审视、多角度探索，去发现和挖掘他真正的需求。基于凭空捏造的观点来创造需求，是不可能成功的。此外，客户之所以愿意接纳一个观点或一个需求，更重要的原因是这个观点或这个需求对他有益。因此，正如前文所说，我们在进行营销工作时，要像医生帮助患者获得健康一样，运用自己的专业知识，去帮助客户梳理思路，改变客户的观点，带领客户发掘更多有利于其自身的需求。

在线下教学的时候，我也经常会遇到并不接纳"钻石代表着永恒的爱情"这一观点的学员。比如，有的学员奉行"独身主义"，认为钻石和爱情之间毫无关系；有的学员则认为钻石无非是碳元素的组合。这反映了人的个性差别。毕竟人的主观观点是多样的，每个人对事物都有自己的看法。这从另一个角度也证明了，观点重构的成功必须基于互利和善意。

■ 一个心理实验

为了强化我讲的内容，下面我们再来做一个有趣的心理实验。

在你的心目中,什么样的水可以被称为"好水"?或者说,在你的心目中,"好水"的标准和定义是什么呢?

请你闭上眼睛,仔细想一想,同时留意一下自己内心自然而然浮现出来的答案。它是一句话、一幅图案,还是一种感觉呢?下面,我来总结一下常见的答案。

如果你说,解渴的水就是好水,那么你的观点很纯粹。

如果你说,来自天然的水是好水,那么你的观点或许来自××山泉的广告。

如果你说,来自地底深层的水是好水,那么你的观点或许来自××冰泉的广告。

当然,你的头脑中也可能会浮现其他答案,比如"小分子水是好水""弱碱性水是好水",等等。然而,无论是哪种答案,你都不得不承认,自己的观点是被广告商影响的结果。所以说,即使是一瓶矿泉水的广告,也能重构我们的观点,最终影响我们的购买决策。

我再来提一个问题:"你是否相信这样一个观点——旅行能够开阔我们的视野,洗涤我们的灵魂?"我相信,大部分人对旅行都持有这样的观点。但是,这个观点并非我们天生就有的,而是通过后天学习得到的。它极大地受到近些年盛行的消费主义的影响。

总之，人的观点是可以被潜移默化地改变的，而理念销售法正是基于这一原理，对客户的观点进行重构，以此解开销售的"死局"，达到"柳暗花明又一村"的境界。

三、如何改变客户的观点

那么，在实际的销售中，我们应该如何运用理念销售法进行观点重构呢？

接下来，我会假设三个销售困境，来具体进行分析。所谓销售困境，就是产品的卖点和客户的需求并不匹配。比如，客户喜欢黑色的外套，但你卖的外套偏偏是红色的；客户喜欢带天窗的汽车，但你卖的汽车偏偏没有天窗；客户非常在乎人寿保险的收益，但人寿保险偏偏不能过度强调收益。

在传统的销售中，销售困境往往会让销售人员感到非常为难，而这正是理念销售法发力和要攻克的领域。我们一定要牢记：当我们不能改变产品的卖点时，还可以改变客户的观点，因为人的主观观点是可以被改变的。这也是我们学习理念销售法需要坚持的一个原则。

三个销售困境

困境一：我要嫁给一个有钱人

小陈是一个开朗上进、工作认真的青年，但是由于事业刚刚起步，家境也很一般，所以目前他的经济状况不好，比较拮据。小陈在追求自己喜欢已久的女生，而女方的择偶标准很明确：希望嫁给一个有钱的男生。（该场景仅为便于探讨而设，不涉及价值观正确与否。）

在这种情况中，小陈就陷入了一种困境：他的"卖点"和女方的需求不匹配。那么，小陈应该如何破解这个困境呢？

困境二：这个产品太贵了，我的预算不足

这是我们在常规的实物产品销售中普遍会遇到的困境。在这个销售困境中，客户的需求非常明确：产品便宜一点，低于自己的心理价位。但是，我们销售的产品很贵，不能满足客户的需求。此时，我们应该如何破解困境呢？

困境三：保险的收益太低了，我不满意

在传统的保险销售中，尤其是在商业银行代理销售保险产

品的业务里,销售的往往是带有投资理财属性的保险。既然保险具有投资理财属性,客户的需求就非常明确:高收益。但是,保险产品的收益往往不宜被过度强调,甚至可能远低于客户的期望。那么,我们应该如何破解这个销售困境呢?

以上三个销售困境,我在线下教学时经常和学员交流,尤其是第一个困境,非常有趣。下面,我以第一个困境为例,来做详细的分析。关于这个困境的解决方案,我在线下收集到以下三种。

方法一:给予客户期许

"虽然我现在没有钱,但我勤奋努力、踏实肯干,一定能为你创造一个美好的未来。"

这个回答,我认为不能得满分。因为它并未满足客户的需求——现在就要有钱。给客户未来的许诺并不能完全打动客户。

方法二:替换客户需求

"虽然我现在确实没有钱,但我幽默风趣,琴棋书画样样精通,能为你未来的生活增添不少浪漫的色彩。"

这个回答依然不能得满分。它直接忽视了客户的需求,并试图替换客户的需求,所以依然难以打动客户。

方法三：贬低同业产品

"虽然我现在没有钱，但我对你真心真意，会一直对你好。那些有钱人，不一定真心对你。嫁给他们，你未来的生活不一定幸福。"

这个回答虽然短期能让客户陷入思考，甚至恐慌，但本质上并不能改变客户的需求，甚至在挑战客户的需求，可能会冒犯客户，令客户更加不快。

以上三种常规的解决方案，本质上还是陷入了"就产品而论产品"的思维，依然没有破解产品卖点和客户需求不匹配的困境。那么，理念销售法是如何破解类似困境的呢？

我们要知道，在销售困境中，产品其实是无法改变的，因此，无论我们如何舌绽莲花，只要我们从改变产品来发力，结果都会是徒劳的。理念销售法是研究如何系统地改变客户观点的一门学问。它告诉我们，要跳脱开产品，去改变客户的观点。

我在前面已经讲过，人的观点是主观的。这意味着，对于一个事物，不同的人可以从不同的角度去解读。此所谓"仁者见仁，智者见智"，或者"一千个人心中有一千个哈姆雷特"。也就是说，人们的观点其实是片面和模糊的。正因如此，每一个客户对自己的需求并没有完全清晰的认知。而销售人员的工作职责，就是帮助客户进一步厘清他们的需求。在理念销售法的体系下，我们可以尝试运用不同的技巧，去启发、拓展客户的认知，改变或挖掘客户的需求，进而顺利实现成交。

■ 用理念销售法破解销售困境

下面，我们再来仔细分析一下第一个销售困境中女生的需求：嫁给一个有钱的男生。在这个需求的背后，是女生相信这样一个观点：嫁给有钱人，可以获得一份安全感。在这个观点里面，关键词是"有钱"。虽然我们不可以贬低、否认客户的主观观点，但可以借势轻微地"松动"甚至改变客户的主观观点。所以，我们可以从以下角度进行思考。

"有钱"的定义是什么？

"有钱"的定义只有一种吗？

我们有没有可能对"有钱"进行重新定义呢？

我们的定义，能不能既满足客户的需求，也符合产品自身的特点呢？

如果你开始这样思考，说明你已经初步窥探到理念销售法的门道。下面，请你试着写一下破解第一个销售困境的答案。

在线下教学时,我常常告诉学员们,现实生活往往比语言逻辑复杂千万倍。而第一个销售困境更是涉及人类的一个千古难题:爱情与现实。为了方便学习,展示语言逻辑的作用,我们需要先建立一个假设,来作为我们逻辑推理的前提。这个假设是:如果男方为女方付出(金钱)越多,就证明男方越爱女方。下面是我给出的参考答案。

我完全认可你的观点。我非常理解,女孩子都希望找一个经济条件比较好的男生,这样爱情才有物质基础。

但是,什么是真正的"有钱"呢?

我觉得,真正的"有钱"不是男生有多少钱,而是他愿意为你花多少钱。比如,我身边有一些男性朋友,月收入达到 5 万元,甚至 10 万元,但他们对女方并不一定是真心真意的,每个月只愿意为女方花 5000 元。我承认,自己现在事业刚刚起步,月薪只有 1 万元左右,但我愿意把工资卡交给你。我相信,凭借我的努力,很快就能给你想要的安全感。我是爱你的，请你和我在一起好吗？

我们来分析一下上面这段话。虽然这段话并没有改变"产品"的本质，也就是男生依然没有钱，毕竟这是目前无法改变的，但是它能够有效地走进女方的内心，帮助女方进一步去思考其底层观点——"有钱"，对自己究竟意味着什么。我相信，这样的沟通方式，会比前面那三种浮于表面的处理方式更加"走心"。所谓走心，从理念销售法的角度来看，就是触及客户的底层观点。

你也许发现了，我给出的那一段话，其实主要做了一件事情：重新定义了什么是"有钱"，帮助女方厘清了她观点中的模糊之处。

> **传统的有钱：** 男方有很多钱
> **新定义的有钱：** 男方愿意为我花很多钱

这样的定义既没有超出我们认知的常理，又会带来意料之外、打动人心的效果，可谓情理之中，意料之外。在新定义的框架下，我们虽然不能保证立刻成交，但能做到和客户一拍即合，大大提升成交的可能性。

总之，传统销售法的方向是"向外求"，即通过改变外在因素,进而满足客户的需求。而理念销售法的方向是"向内求",即通过改变客户的底层观点,进而实现成交。我们一定要记住:如果我们不能改变产品的卖点,那就改变客户的观点。

为了帮助大家进一步学习和理解"重新定义"这种技巧,我把剩下的那两个销售困境来破解一下。

"这个产品太贵了,我的预算不足。"

对于这个销售困境,我们不需要关注客户的预算,而只需要关注客户的观点——"贵"。关于"贵",并没有统一的标准和定义,因此客户对于"贵"的认知也可能是模糊的。我们可以借此机会帮助客户厘清概念、拓宽思路,从更广的角度来认识一种产品。具体来说,我们可以运用发问的技巧来轻微"松动"客户心中对"贵"的认知。比如,在汽车销售的场景中,我们可以这样回答:

> 您说这辆车贵,是指买起来贵,还是指用起来贵?其实,这辆车买起来贵,用起来便宜。这辆车非常耐用,维修率低,维修费用少,关键还省油。很多客户买了这辆车一开就是十年,甚至十五年,就算其间需要维修,零部件的价格也非常便宜,而且能耗低。所以,贵不贵,不能只算买车的钱,也要算用车的钱。您不要为了一阵子的便宜

错过了长期的便宜呀!

以上帮助客户厘清思路的回答，是不是让你的思维开阔了很多？不仅如此，客户也能更深刻、全面地厘清自己的需求。在传统的销售方法中，销售人员的发力点可能是习惯性地从产品出发，不断挖掘产品的亮点、卖点，让客户能够接纳产品的"贵"。但在理念销售法看来，人的主观观点是非常顽固的，如果销售人员不能正视客户对于"便宜"的诉求，成交就很难达成。在上面那段话中，我依然采用了"重新定义"这一技巧，把"贵"拆解为"买起来贵"和"用起来贵"。

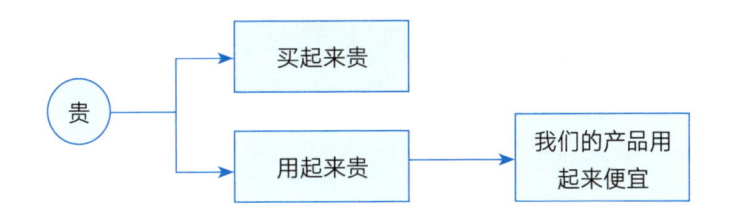

```
贵 ──┬── 买起来贵
     └── 用起来贵 ──→ 我们的产品用起来便宜
```

通过对"贵"进行拆解，"用起来贵"这个新观点，会带领客户从一个全新的角度去看待产品。总之，这种方法既能满足客户的需求，又能承载产品的亮点，让销售更走心，成交更容易实现。

我们再来看最后一个销售困境——"保险的收益太低了，我不满意"。

关于保险收益的问题,涉及专业的金融知识,这里我们不做深入探讨,而只解析语言逻辑。要想破解这个困境,我们的思考方向就要从"收益"这个概念出发,毕竟"收益"是一个非常专业的术语,每个人对此都可以有不同的理解。销售人员作为专业人士,在某种程度上掌握着这个概念的"解释权"。下面是我针对这一销售困境提供的参考话术。

> 刚才您说想要收益,我想确定一下:
> (1)您是要波动的收益,还是要稳定的收益?
> (2)您是只追求今年有收益,还是追求年年有收益?
> (3)您是要一次性的收益,还是要持续性的收益?
> (4)您是要安全的收益,还是要带风险的收益?
> (5)您是要税前的收益,还是要税后的收益?
> (6)您指的是收益率,还是总收益?
> (7)您指的收益率是单利,还是复利?
> (8)您是要毛收益,还是要净收益?

发现了吧,只要你打开思路,"收益"的定义其实有很多种。但是,如果你不抢在客户之前告诉他"收益"的定义,那么客户考虑的就只是:"这个产品是低收益,还是高收益?"

总之，关于"有钱""贵""收益"的定义有千百种，并非统一的，而是仁者见仁、智者见智。在理念销售法中，定义非常重要，是整个理念销售法的核心。在后面的学习中，我还将频繁地提及这一点。

当然，这也是"向内求"的效果。"向内求"不仅能帮助客户厘清自己的观点或需求，使客户对产品有更全面的认知，也能帮助我们破解销售困境，实现"柳暗花明又一村"。

CHAPTER 2
词语
——拨开销售的迷雾

一、发现虚泛词：虚泛词是拓展客户需求的钥匙

通过上一章的学习，我们已经知道，理念销售法的本质是"向内求"。"向内求"不是只局限于产品本身，而是引导客户深层次、多角度地去挖掘和拓展自己的需求。客户的需求往往会通过语言表达出来，我们称之为客户的观点。因此，销售人员的工作就是通过语言逻辑的技巧，帮助客户厘清需求，进而重构观点。

接下来，我们来进一步学习理念销售法这门重构客户观点的学问。

我相信，很多销售人员一定做过这样的事情：手拿公司里销售高手的销售话术，反复地阅读，甚至被领导要求整篇背诵。这样的方式并非不可取，但至少是低效率的，因为这只能做到知其然却不知其所以然。我与很多销售高手进行过交流，每次我都会问："你是如何做到的？你的语言是靠什么逻辑或技巧组织的？你能不能把你的方法教给大家？"我得到的答案大多是："我其实并不知道自己是如何做到的，好像天生就行。""我只能说勤学苦练，慢慢就会找到'感觉'。"然而，就是这个所谓的

"感觉",让许多充满激情的小伙伴望而却步。

或者,你还遇到过这样的场景:一名优秀的讲师,总能把保险理念讲得生动清晰,精彩纷呈。但是,如果你问:"老师,您讲的课实在太棒了,话术也相当精彩。我如何做才能像您一样呢?"我想,在大部分情况下,你会得到和前面那些问题相似的答案。又或者,有时候你会遇见自己心底真正钦佩的领导,觉得他的业务分析报告非常精彩,思路别致,引人入胜,但遗憾的是,他可能也不知道如何教会你做到像他那样。

不知你有没有留意,当你观察身边的销售高手的表达方式时,看到的总是一个完整的篇章。这相当于你看到一辆外观酷炫且性能良好的跑车,虽然它让你喜爱不已,但没有人把这辆车拆开,给你看看每个零件,并为你仔细讲解其原理,最后再一步步地还原汽车组装的过程。而理念销售法要做的,就是还原那些看似玄妙的话术背后的语言逻辑,教会你话术的"组装原理"。

理念销售法的教学体系是:词语、句式、段落、篇章。也就是说,我将从最基本的词语开始;当你掌握了词语的奥秘后,我会把词语延展为句式;当你熟练了句式的使用后,我会把句式拓宽为段落;当你学会应用段落后,我会把段落组合成一个完整的篇章。

首先，我来为大家讲解理念销售法的第一个基础知识：虚泛词，我们也可以把它简称为虚词。什么是虚词呢？所谓虚词，就是抽象的词语，比如"好"与"坏"、"昂贵"与"便宜"等。这类词语有一个共性：它们是主观的、模糊的，没有统一的定义。与虚词相对应的是实词。所谓实词，就是表示能够看得见、摸得着的事物的词语，比如"米饭""花生"等。

客户的需求往往会以虚词表达出来，所以客户其实并不完全清楚自己的主观需求。我之前讲的改变客户的观点，或者在客户的头脑中"植入"观点，抓住虚词是关键中的关键。甚至可以说，销售人员的一切工作，其实都是在和虚词打交道。这一点在金融产品销售中尤其如此。比如，对于矿泉水销售、汽车销售等传统产品销售，销售人员可以用实物为客户举例；而在金融产品销售中，金融产品是抽象的，这意味着销售人员必须时刻和虚词打交道，因此销售工作困难重重。

在上一章中，我向大家提了一个问题："什么水是好水？"那么，在"好水"这个词中，哪个字是虚词呢？很明显，是"好"。它是一个纯粹的抽象词。毕竟，所谓的好或者不好，完全是主观判断出来的，没有统一的标准，因此可以由人进行重新定义。现在，大家来回忆一下我在上一章中破解那三个销售困境的方法。你会发现，本质上我只是拆解了客户观点中的核心虚词。也就是说，我只是对"有钱""贵""收益"等虚词进行了重新定义。

所以,站在理念销售法的角度,大家要记住:当你想要改变一个人的观点时,请留意他的需求;当你想改变一个人的需求时,请留意他需求中的核心虚词。虚词是打开客户心门、帮助客户拓展需求的第一把钥匙。

为了让大家对虚词更加敏感,我准备了几道测试题,请大家认真思考并作答。

测试题

请找出下列句子中的核心虚词。

(1)爸爸,我不喜欢学习,因为我觉得学习并不快乐!

(2)你们卖的汽车,我觉得质量不够过硬。

(3)你这身衣服搭配得也太不时尚了吧!

(4)保险都是骗人的!

(5)领导,我觉得这份工作太没有成就感了,我想辞职。

(6)你的手机也太低端了吧!

(7)销售工作实在太困难了,我做不了!

(8)这位员工,我觉得还是不够优秀啊!

答案：

（1）快乐；（2）质量过硬；（3）时尚；（4）骗人；（5）成就感；（6）低端；（7）困难；（8）优秀。

我相信，你已经顺利地找出了这些常见对话中的核心虚词。在日后的生活中，你要处处留心，随时锻炼自己的敏感度。这样的话，在生活和工作中，你就能够更加熟练地运用理念销售法。

二、用下切的技巧拆解虚泛词

能辨别出一句话中的虚词，仅仅具备了发现问题的能力，但距离解决问题还有一段差距。接下来的第二步，你应该学会拆解虚词。

你可能已经发现，在上一章中，我对一些虚词进行了一分为二的拆解。

> "贵"被拆解为：买时贵和用时贵
> "有钱"被拆解为：他有很多钱和他愿意为我花很多钱
> "收益"被拆解为：有风险的收益和无风险的收益

这种思维技巧是 NLP 的专用技巧，被称为"下切"，对于销售工作非常有益。所谓下切，就是把一个词语切得更小、更细，把一个大概念切成许多小概念。至于把一个概念是切成两个、三个，还是更多个，往往取决于沟通的实际情况。我更喜欢简单直接地把一个概念一分为二，因为这是最简洁明快的思维方式。

下面，我以"这位员工，我觉得还是不够优秀啊！"这句话来做示范。很明显，这句话的核心虚词是"优秀"。对"优秀"进行下切的话，我们可以从以下角度入手：

（1）从时间角度进行下切——你觉得他是现在不够优秀，还是未来也不会变得优秀？

（2）从结构角度进行下切——你觉得他是业务技能不够优秀，还是沟通技能不够优秀？

（3）从范畴角度进行下切——是只有你觉得他不够优秀，还是所有人都觉得他不够优秀？

很多时候，我们并不需要进行观点重构的工作，仅仅把一个概念进行拆解，就可以起到说服他人的作用。

接下来，我们继续做一个小测试。

测试题

请对"爸爸，我不喜欢学习，因为我觉得学习并不快乐！"这句话里面的"快乐"进行拆解。

答案：

我能理解你这样想，因为我们都希望做自己感到快乐的事情。不过，你是觉得学习中一点快乐都没有，还是仅仅遇到困难的题目时才觉得不快乐？是每次学习都觉得不快乐，还是偶尔遇到心情不好的情况时才觉得不快乐？你再仔细想想，是学习让你不快乐，还是考试让你不快乐？经过这样的分析，你有没有发现，不是学习让你不快乐，而是困难让你不快乐。

其实，你可以先继续学习自己感兴趣、觉得快乐的部分，把困难的部分记下来，暂时放一放，最后再去统一解决。最终你会发现，解决困难后，你会更快乐、更有成就感。这样想，你是不是觉得更有动力了？

在参考答案中，除了下切，我还用到了其他处理技巧。相关内容，我将在本书后面的章节中讲到。相信大家学完本书之后，可以做得更加出色。

通过前面的学习，你已经明白，针对客户的需求要进行两项工作：一是寻找虚词，二是下切虚词。为了更好地掌握这两个技巧，我们来做一个综合测试。

小陈在求职，他的诉求是：希望能找到一份高收入的工作，月薪至少 1 万元。作为公司的负责人，你很看重小陈的能力，但不巧的是，公司刚刚起步，你最多只能给小陈每月 5000 元的工资。

对于这个困境，你如何运用理念销售法来破解呢？

分析问题：

（1）这是一个典型的销售困境：客户的诉求和我们提供的产品卖点并不匹配。此时，"向外求"已经不可能，我们必须尝试"向内求"，也就是改变小陈的观点。

（2）小陈的诉求是"高收入"。很明显，"高收入"是一个虚词。

（3）我们开始尝试下切"高收入"，对其进行拆解。

下切虚词:

"高收入"可以被下切为:

A. 一阵子的高收入和长期的高收入。

B. 现在的高收入和未来的高收入。

C. 底薪收入和奖金收入。

D. 工作收入和额外收入。

这四种下切方式并没有正确与否之分,只是针对不同的人、不同的性格特点,会产生不同的沟通效果。下面,我给出三种不同角度的处理方式供大家参考。

第一种角度:按照 A 和 B 的下切方式

小陈啊,我很理解你的诉求。我们公司刚刚起步,正处于创业阶段,虽然目前能给你的月薪暂时还达不到你的预期,但只要你跟着公司干,未来的收入绝对不止月薪 1 万元,肯定要多得多!收入不能只看一阵子,而要看长期啊!不瞒你说,我们公司已经拿到一个大项目,只要这三年我们拿出科研成果,百万年薪是可以期待的!

第二种角度:按照 C 的下切方式

小陈啊,收入不能只看底薪,还要看奖金。你是愿意拿"死收入",还是愿意拿"活收入"?"死收入"就是每月拿固定的工资,公司经营得再好,也与你无关。而我们的收入方式非常灵活,下有保底,上不封顶。你刚刚说月薪1万元是你期望的高收入,但在我看来,这也不叫"高收入"。我们公司的很多老员工,工作做出了成绩后,每月底薪+奖金都是5万元起步。所以,我并不认可你的观点。我觉得月薪1万元,不叫"高收入",只能叫"高底薪"。如果你真想追求高收入,更应该加入我们公司啊!

第三种角度:按照 D 的下切方式

小陈啊,我很理解你的诉求。其实,这个问题很好解决,就看你怎么看待工作和收入。在我看来,收入可以分成公司给你发的钱和你自己赚的钱。虽然我们公司刚刚起步,但我们的工作方式非常灵活。可以说,大家都是创业合伙人,只要你每月保质保量完成自己的工作任务,对其他事项,我们并没有严格的要求,比如出勤。你将拥有很多属于自己的时间去做其他事情。你可以从事兼职,甚至还可以把我们这份工作当成一份兼职。也就是说,你既可以从我们公司拿一份收入,还可以自己另赚一份收入。何乐而不为呢?

毋庸置疑，以上三种处理方式都可以产生一定的效果。无论你喜欢哪种方式，都要牢记，这三种处理方式都是紧扣小陈的诉求——高收入——展开的对话。也就是说，我们在做的无非是下切"高收入"，或者说重新定义"高收入"。

三、虚泛词技术之价值观排序法：彻底颠覆 FABE 模式

通过上一小节的学习，你已经初步具备了发现虚词和下切虚词的能力。此时，虽然你的思维已经开始蜕变，觉察到了"向内求"的巨大魅力，但这还远远不够。在本小节中，我们将通过一个案例来学习虚词的另一种运用技巧：价值观排序法。我相信，本小节的内容会进一步拓宽你对高级销售的认知，你的销售思维将出现根本性的改变，甚至你将超越 90% 的普通销售者。

在本小节中，我将详细对比传统销售模式 FABE 和理念销售法在发力点方面的差异。当然，我的目的并非要教会你精通 FABE 销售模式，而是将其作为"药引子"，引出理念销售法的

基本发力方向。此外，我也并非要让你抛弃传统销售模式，而是帮助你发现传统销售模式长期以来没有攻克的领域，让你的销售技能更上一层楼。

FABE 模式

首先，我们来简单了解一下 FABE 模式。FABE 模式是由美国俄克拉荷马大学企业管理博士、台湾中兴大学商学院院长郭昆漠总结出来的。它是一种非常典型、具体、可操作性强的利益推销法。FABE 模式通过四个关键环节，极为巧妙地处理好客户关心的问题，从而顺利地实现产品的销售。其中，F（Features）代表特征，A（Advantages）代表优点，B（Benefits）代表利益，E（Evidence）代表证据。

为了帮助大家理解，我来举一个例子。假设我们在销售一款矿泉水，运用 FABE 模式的话，我们的基本话术可以是下面这样的。

F：先生，您好！这是我们厂家最新推出的一款矿泉水。

A：这款矿泉水最大的特点是水源来自喜马拉雅山的山顶，水中含有丰富的微量元素。

B：如果您长期饮用这款矿泉水，能够获得美容养颜的效果。

E：这是我们的专利证书。您看，媒体上还有对这款矿泉水的专门报道。

促销：今天我们正好有活动，买一送一，多买多得。怎么样，您要不要买一箱？

FABE 模式给销售人员提供了非常好的用来讲解产品的技巧。相信很多人有过去电器商城购买家电的经历，里面的导购在讲解产品时非常流畅，也会用到 FABE 模式。下面，我再来举一个十分经典的运用 FABE 模式的例子——冰箱销售。

F：先生，您好！这是我们厂家最新推出的一款高科技省电冰箱。

A：这款冰箱最大的特点就是省电。传统冰箱，一天使用一度电；这款冰箱，三天才使用一度电。

B：如果您长期使用这款冰箱，能为家庭省下一笔不小的开支！

E：这款冰箱，消费者非常喜爱，××明星还是我们的代言人呢。您可以留意它的广告。

促销：今天购买，有价格优惠。您看，要不要现在就下单？

不难发现，FABE 模式用起来确实简单有效。但是，我想告诉大家的是，站在理念销售法的角度来讲，这种模式还不够高级。为什么呢？从一个完整的销售流程来看，FABE 模式的确能够很好地给客户讲清楚产品的亮点和优势，但是它忽略了销售工作中最重要的一点：客户的需求。

在销售冰箱时，我们要提前弄明白：客户在购买冰箱时，到底看重冰箱的哪些特点，是保鲜、省电，还是容积、除菌功能？客户的需求可能是千奇百怪的。如果客户的需求并非省电，而是保鲜，那么当我们讲完冰箱的省电特点后，客户就会提出问题来拒绝。比如，"我买冰箱就是为了使食物保鲜，光省电有什么意义？"客户之所以会产生"拒绝性问题"，根本原因在于，客户的观点和我们的观点不一样，或者说客户认为的好冰箱和我们认为的好冰箱不一样。

> **客户认为的好冰箱**：保鲜
> **我们认为的好冰箱**：省电
> **结果**：观点不统一，导致拒绝性问题产生

我在第 1 章已经讲过，客户之所以会购买某个产品，是因为他相信某种观点。所以，按照理念销售法的原则进行分析的话，客户购买冰箱的逻辑顺序应如下所示。

> **前端（观点）**：我认为好冰箱要保鲜
> **后端（产品）**：这台冰箱保鲜能力强
> **结果**：前后统一，无拒绝性问题，成交

你应该发现了，理念销售法和传统销售法的发力方向是不一样的。传统销售法从后端（产品）发力，而理念销售法从前端（观点）发力。也就是说，理念销售法可以修改客户的最初观点。这样的话，即使客户后续再提出拒绝性问题，我们处理起来也会容易很多。

价值观排序法

接下来，我为大家演示另一种销售思路。

假设我转行去卖冰箱了，从来没有接受过关于FABE模式的培训，甚至对产品的相关信息还没掌握好，讲解也不够熟练。然而，公司给我安排了一项非常艰巨的任务：让我和另一款冰箱的导购进行一场比赛，看看谁的冰箱销量更高。这位导购对产品非常熟悉，对讲解产品也很精通，并且他卖的冰箱确实非常省电；而我对产品还不够了解，对讲解产品不精通，并且我卖的冰箱也不省电。此时，我应该怎么做呢？

下面，我来展示一段话术。在这段话里，我几乎没有讲解自己要卖的产品，而只是在和客户"闲聊"。虽然只是"闲聊"，但我能够保证，客户在听完我的话后，观点会发生一些改变。虽然这种改变不能百分之百保证成交（没有任何技巧能够保证百分之百成交），但我能够保证，我的话必定会让竞争对手的销售受到影响。

先生，您好。其实您在不在我这里购买冰箱无所谓。我做导购很多年了，根据我的经验，我可以给您一些购买冰箱的小建议和小窍门，希望能帮您挑选到自己中意的好冰箱。

我们买冰箱，主要看三点：

一是保鲜功能。冰箱最主要、最本质的功能就是保鲜。一台冰箱的保鲜功能好不好，直接反映了这家厂商的核心科技实力。

二是容量。我不太清楚您家住房的面积，如果有条件的话，您一定要买一台大容量、双开门的冰箱。长期使用，您就会发现，它非常实用，能为生活带来不少便利。

当然，如果冰箱具备了这两点，您可以再关注一下类似省电等附加功能。如果冰箱具备了这三点，那就非常完美了。

今天我们正好在推一款高科技的零度保鲜冰箱，我可以给您具体讲一下吗？

这段话看似平淡，其实隐藏了大量的技巧和信息。下面，我来仔细给大家分析一下这段话。

我讲解产品了吗？

很明显，在这段话中，我几乎没有讲解产品。或者说，我在最后一句话才准备开始讲解产品。

我在干什么？

本质上，我是在帮助客户梳理和拓展自己的需求。对于"好冰箱"这个概念的理解，客户是模棱两可的，甚至因为自己不专业，无法做出相对全面、客观的判断。我从前端观点入手，帮助客户厘清了"好冰箱"的三个特点——保鲜、容量、省电，并对这三个特点进行了排序。这样，通过定义"好冰箱"这个概念，我成功地给客户提供了专业的建议，也成功地给客户导入了一个观点。

对于这种沟通技巧，客户会抗拒吗？

大概率不会。虽然人会本能地抗拒销售，但不会抗拒对自己有帮助的，尤其是有利于维护自我利益的意见和建议。前面那段话中并没有明显的销售痕迹，仅仅是站在客观的角度给客户提供一些购买冰箱的小建议和小窍门。这也是理念销售法所倡导的：在进行销售时，我们一定要绕过客户的抗拒心理而行。当客户觉察到我们要开始销售时，我们要确保自己的推销工作已经结束了。我们要记住：梳理和拓展客户的需求才是最大的销售。

面对其他导购，客户会有什么反应？

假如客户听完我的"闲聊"后，走到一位没有经过理念销售法训练的导购面前。这位导购没有任何铺垫，直接开始背诵自己娴熟的 FABE 话术："先生，您好……这是一款省电的冰箱……三天只使用一度电……今天这款产品有优惠。"那么，客户会有什么反应呢？

此时，客户的头脑中大概率会浮现如下的念头："等一下，你一直在讲冰箱的省电功能，但我是不是也应该了解一下冰箱的保鲜功能呢？""等一下，省电真的是冰箱的重要功能吗？""等一下，你一直在讲冰箱的省电功能，但我怎么感觉省电功能没那么重要啊？"

总之，在前面那段话里，我并没有讲解产品，而只是在客户的头脑中"植入"了一个观点：什么冰箱才是好冰箱。一旦客户接受了我"植入"的观点，那么当他在听其他导购的纯产品销售话术时，就会产生心理上的抗拒或排斥。这和我在第 1 章中讲的广告的影响是同样的原理。比如，当你相信"来自天然的水是好水"这一观点时，那么，即使其他矿泉水的导购把产品讲解得再精彩，你也依然听不进半句。再比如，很多年轻人把某位明星奉为偶像，即使这位明星出现绯闻，他们也依然会为这位明星辩解。这就是"先入为主"的巨大威力。

为了帮助大家更好地理解，我来具体分析一下我的销售工作流程。

第一步，分析客户的需求。客户的需求可以归纳为一句话："我需要一台好冰箱。"

第二步，找出客户需求里隐藏的关键虚词。很明显，这个关键虚词就是"好冰箱"里的"好"。

第三步，重新定义"好冰箱"。在整个流程中，这一步最为关键。关于"什么是好冰箱"，并没有统一的标准和定义，所以我就可以对其进行重新定义，并把自己定义的"好冰箱"，作为前端观点"植入"客户的头脑中。

为了达成这一目标，我用了一个非常重要的句式："×××，主要看三点……"这种技巧叫作"价值观排序法"。在理念销售法的诸多技巧中，它是我最喜欢的技巧之一。这种技巧的要点是，把产品的三个卖点按顺序进行排列。具体来说，就是把产品的主要卖点放在第一位，作为核心卖点进行强调，其他两个卖点按其重要程度依次排列。

我来简化一下前面那段话："好冰箱主要看三点，即一看保鲜，二看容量，三看省电。"简化后，大家可以更清晰地明白其中的逻辑。我销售的冰箱的核心卖点是保鲜，要放在第一位；对手销售的冰箱的核心卖点是省电，要放在最后一位。就这样，我成功地完成了对客户的观点植入：我告诉客户判断一台好冰箱的三个标准，并根据自己产品的卖点，用价值观排序法对卖点的重要性进行了排序。

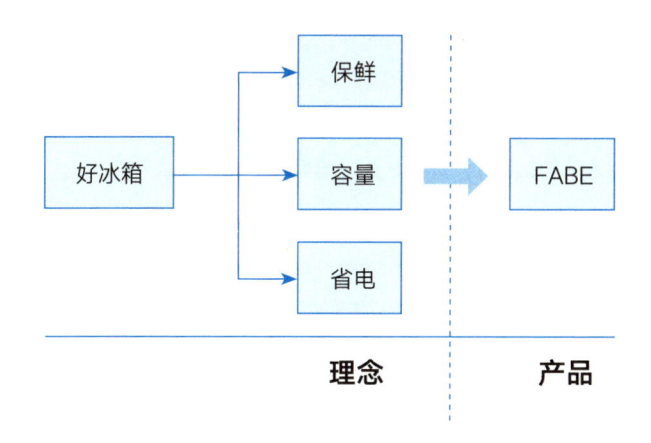

```
                  ┌─ 保鲜
         好冰箱 ──┼─ 容量    ⇒   FABE
                  └─ 省电

              理念        |      产品
```

上面这幅图，可以让大家更好地理解我的销售工作的逻辑。同时，这幅图也完美地诠释了传统的 FABE 模式和理念销售法的区别，以及它们可以如何结合在一起。

此外，通过这幅图，你可能也发现了，一个完整的销售过程包含前端理念的阐述和后端产品的讲解两大部分。在传统的销售工作中，销售人员的工作重心在于后端的产品讲解，从而忽略了前端理念的阐述，也就是忽略了运用有效的技巧去帮助客户拓展和挖掘自己的需求。这显然是不够的。从理念销售法的角度来看，在实际的销售过程中，前端理念的阐述要占销售工作的 70%～80%，后端产品的讲解只占销售工作的 20%～30%。因此，只有充分掌握理念销售法的技能，并结合传统销售方法，我们的销售工作才能更上一层楼。

四、卖观点才是真正高级的销售

通过上一小节的学习，你对"什么是真正高级的销售"的认知，应该已经提升到了一个全新的层面。为了更好地巩固你在上一小节中学到的内容，在本小节中，我将通过更多的案例进行讲解，让你进一步提升认知，以全新的格局和视野来看待销售。

真正高级的销售一定是卖观点，而不是卖产品。当客户的观点被改变了,他们购买产品也就水到渠成了。因此,房地产商在销售"正确的居住观",保健品商家在销售"正确的健康观",金融产品销售从业者在销售"正确的金钱观"……"观点先行,销售其后",这一套组合拳可谓屡试不爽。

下面,我们不妨来看一段摘录自互联网的房地产商软文广告。

随着社会的发展,人们对生活品质的要求也越来越高。比如,在日常消费中,我们开始在意商品的包装是否精美,而不再满足于商品的功能和质量;我们在选择一个背包时,除了考虑背包的实用性,更加重视它的设计是否美观,品牌的理念是否与自己相符……简言之,我们的需求早已超越对物质的追求,越来越趋于精神层面的追求。

与消费观一同改变的,还有我们的居住观。从单纯遮风挡雨的一间平房,到能满足基本生活所需的单元房、有绿化区的商品住宅,再到融入一些科技元素的新型住宅,我们居住的房屋在改变,我们的居住理念也在改变。社会发展到今天,居所绝不只是满足基本的居住需求那么简单,它早已成为人们精神寄托的所在地。

时代变了,人们的需求也随之改变,于是××集团第六代住宅应运而生。第六代住宅是集高端科技、绿色环保、健康安全、舒适享受、贴心服务、新型邻里于一体的城市智慧邻里型住宅。它已经从单纯满足居住功能过渡升级到一种回归内心的满足感。第六代住宅不仅仅改变了建筑样式，更呈现了一种现代化的居住观。

××项目作为第六代住宅的代表，以远见未来的前瞻视野，紧跟时代科技潮流，集各大高端科技于一体，开启智能生活新模式。[①]

我们来分析一下这段软文广告的逻辑，会发现它完全符合"观点先行，销售其后"的标准范式。

第一，我们的消费观发生了改变，更多地上升到了精神层面。

第二，消费观的改变导致了我们的居住观改变。我们的居住观也开始从单一诉求上升到多元化诉求。

第三，住房由身体的居住之地升级为精神的寄托之处，是其发展的必然结果。

第四，××项目的住房正好符合以上居住观，所以请选择这个住房。

---

① 内容来自互联网，因时间较久，未查到具体来源。

> **前端（观点）**：住房是精神的寄托之处
> **后端（产品）**：××项目的住房刚好符合需求
> **结果**：前后统一，无拒绝性问题，成交

这种技巧在各行各业的销售中被广泛运用。下面，我以金融产品销售领域为例，来做进一步分析。

在金融产品销售领域，只有把钱的问题弄明白，才能把销售弄明白。既然要把钱的问题弄明白，我们就不得不思考一个问题："什么叫有钱？"根据前面的学习内容，你已经知道，"有钱"是一个虚词，每个客户对其都有不同的理解。因此，我们要对"有钱"进行重新定义，从而为客户建立一种"正确的金钱观"。这时，我们就要运用到下切技术。

我们可以把"有钱"下切为：

A. 拥有大量现金。

B. 拥有大量资产，如房产。

下面，我着重从B角度展开阐述，对客户进行说服。

"什么叫有钱？"这是一个司空见惯的问题。有人会说，有1000万元、1亿元叫有钱，有别墅、豪宅、名车、

名表叫有钱。但是我想说,这可不一定。在这里,我想要告诉您一个观点,那就是:"我们有没有钱,取决于有没有人买。"

其实,这个观点非常容易理解。在现代市场理论中,一个商品的价格由什么决定呢?市场。教科书上讲过,"市场具有价格发现的功能"。用通俗的话来讲,就是商品的价格是通过买卖来决定的,也就是讨价还价让商品有了价格。比如,我在卖矿泉水。我说5元一瓶。您说贵了,应该2元一瓶。最后我们以3元一瓶的价格成交。后来大家都效仿我们的成交价格,以3元一瓶的价格卖矿泉水,买卖双方也都比较满意,这样商品的价格就确定下来了。

因此,我们可以总结出一个很重要的观点:没有买卖,就没有价格。或者说,商品的价格是由愿意买的人决定的。

再来举个例子。比如您有一套房子,那么这套房子值多少钱,或者说,这套房子代表多少财富,是由谁决定的呢?不是由您我决定的,而是由愿意买这套房子的人决定的。大家常说"我这套房子值100万元",本质上是在说"有人愿意花100万元买我的房子",不是吗?

总之,我们拥有的固定资产的价格是由买家决定的。别墅、豪车、名表、珠宝、企业资产,这些东西值钱吗?答案很简单:有人愿意买,它们就值钱;没人愿意买,它们就不值钱。因此，这些固定资产在真正变现之前，都不是我们的钱或我们的财富。所以我才说："我们有没有钱，取决于有没有人买。"

在上面的话术中，我着重让客户将对"有钱"的认知聚焦在"拥有大量资产，如房产"上，进而推导出"房子值不值钱，取决于未来好不好卖"这样的核心观点。对于拥有大量"无效房产"或者过度"炒房"的投资者，这样的观点无疑是有提醒作用的。

按照这个思路，我们再着重从 A 角度展开阐述。针对拥有大量现金的客户，我们应该如何说服他们，让其进行更积极的投资，把大量闲置资金用于消费或者转化为有益的投资呢？这就需要我们将"有钱"重新定义为"现金值不值钱，取决于能不能买到好东西"，或者"在把现金花出去之前，它还不算我们的钱"。

下面，你可以尝试把自己的说服逻辑写下来：

下面是我的说服逻辑,供大家参考。

今天,我想告诉您一个重要的金钱观,那就是"我们有没有钱,取决于有没有人卖",或者说"花出去的钱,才是我们的钱"。

钱是什么呢?钱本质上是货币。货币又是什么呢?经济学告诉我们,货币本质上是现金等价物,也就是商品交换的媒介。我说我有100万元,潜台词是说,这100万元能买到我想要的东西,比如房子、汽车。换句话说,有人愿意用100万元的价格,把这些东西卖给我。

因此,当我们说自己有多少钱时,其实是在说,我们手里的货币能够换取多少商品。也就是说,货币的价值体现在交换。如果不把货币换成商品,其价值就无法体现。

再有,在货币转化为商品之前,它是存在一定风险的。只要我们手里的货币没有转化为商品,它就只是一个阿拉伯数字。由于通货膨胀的存在,我们越迟把货币转化为商品,就要承担越大的风险。所以我才说"我们有没有钱,取决于有没有人卖",或者"花出去的钱,才是我们的钱"。

在上面两个示例中,我从两个不同的角度出发,阐述了两个截然相反的金钱观——"我们有没有钱,取决于有没有人买",

以及"花出去的钱,才是我们的钱",分别用于说服不同类型的客户。对于拥有大量房产的客户,我建议他们减少"炒房";对于拥有大量闲置资金的客户,我鼓励他们积极消费、进行投资。

从严谨的学术研究来看,上文只从事物的 A、B 两面进行了阐述,显然是不全面的。但就针对不同类型的客户而言,我们帮助客户"聚焦于一面",则是更有效果的做法。大家要记住,客户的观点往往没有对错之分,只是对事物有不同的认知角度。我们在开展销售工作时,要以"效果"为导向,帮助客户选择某一个观点,从而与客户达成双赢的结果。

CHAPTER

3

句式（一）
——为客户合理重构需求

一、寻找先导观点：讲产品之前，先定义客户需求

在上一章中，我们重点学习了词语，也就是理念销售法中的虚词。我已经讲过，虚词是我们重构客户需求、打开客户内心世界大门的一把钥匙。而且，在理念销售法的"大厦"中，虚词具有"基石"的地位，也是我们后续学习其他技巧的基础。接下来，我将带领大家学习理念销售法的另一个基础知识——句式。

■ 什么是先导观点

在理念销售法中，当我们用语言去解释一个虚词，并用完整的句子表达出来时，便完成了"化词为句"的工作。

大家已经知道，我们对一个虚词的解释必然具有多样性。比如，在"高端手机就是卖得贵的手机"这个完整的句子中，核心虚词是"高端"。但究竟什么是高端，并没有统一的标准，人们都有自己的主观看法。而在这句话中，我们从许多角度中选了一个角度，来解释什么是高端：高端就是卖得贵。又比如，在"好男人一定要有责任感"这个完整的句子中，"好男人"是

核心虚词，我们对它的解释是：一定要有责任感。

对虚词的解释，也体现了客户的观点。对虚词解释的多样性，决定了客户观点的多样性。在销售过程中，销售人员需要有意识地选择一个最有利于达成销售目标的观点，这种观点被称为"先导观点"。

需要注意的是，先导观点属于主观观点，但并非所有的主观观点都是先导观点。一个主观观点要成为先导观点，其前提是：放进某一个销售场景，以销售为目的，对销售的成功起决定性作用。

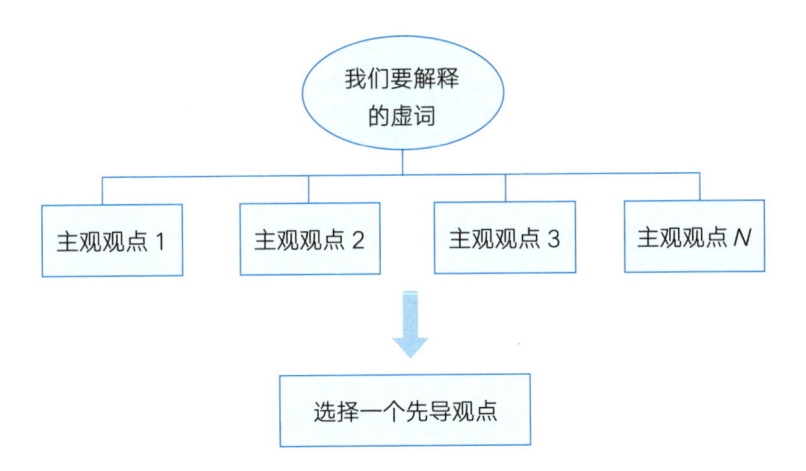

```
            ┌─────────────┐
            │  我们要解释  │
            │   的虚词    │
            └─────────────┘
      ┌────────┬────────┼────────┬────────┐
  ┌───────┐ ┌───────┐ ┌───────┐ ┌───────┐
  │主观观点1│ │主观观点2│ │主观观点3│ │主观观点N│
  └───────┘ └───────┘ └───────┘ └───────┘
                      ↓
               ┌─────────────┐
               │ 选择一个先导观点 │
               └─────────────┘
```

先导观点中的"先导"，通俗理解就是：在销售过程中，销售人员在讲解产品之前，先为客户导入某个观点。因为观点的改变必然伴随客户需求的创造、转移或改变，所以，先导观点也可以被称为"先导需求"。鉴于观点和需求是一对"兄弟",导入任何一个先导观点,本质上都是在定义客户的需求。

■ 先导观点的运用示例

在上一章中,我为大家演示了如何销售冰箱。在销售过程中,我抛出了一个非常核心的先导观点:"好冰箱主要看三点,即一看保鲜,二看容量,三看省电。"这个核心观点足以影响销售的最终结果。所以,我其实已经为大家初步演绎了先导观点在销售中的作用。

一次成功的销售,必然是客户前端隐藏的观点与后端我们提供的产品相契合。因此,先导观点在销售中的作用是:从客户需求的角度开始沟通,从而减轻客户的抗拒心理,并前置化处理客户的拒绝性问题。

为了帮助大家更深刻地理解先导观点的作用和重要性,我再来举一个例子。假设你是一位汽车销售人员。你的工作目标,从表面上看是把汽车销售出去,但从理念销售法的角度来看应该是销售正确的用车理念。因为一旦客户的用车理念明确了,而你销售的汽车刚好能承载这个理念和满足需求,那么客户自然而然就会购买你销售的汽车。

假设你销售的汽车以安全性见长,而操控性和加速功能稍

CHAPTER 3 句式（一）——为客户合理重构需求

次。再假设，你面对的客户分为以下三类：

（1）内心需求清晰，明确知道自己想要一辆安全性好的汽车。

（2）内心需求模糊，只是希望购买一辆"好汽车"。

（3）内心需求清晰，明确知道自己想要一辆加速快、操控性好的汽车。

第一类客户的需求和产品特性吻合，产生拒绝性问题的概率很低；第二类客户的需求模糊，有可能产生拒绝性问题；第三类客户的需求和产品特性不吻合，肯定会产生拒绝性问题。

对于第二类和第三种类客户，如果你在具体讲解汽车的特性之前，不对客户的观点进行梳理，那么在你正式开始讲解汽车后，客户的拒绝性问题就会成为成交的巨大障碍。那么，我们应该如何组织语言，先行导入符合销售场景的用车理念呢？下面，我来给大家做一个示范。

先生，您好！很高兴为您服务。

这是您家的第几辆车呢？（无论客户回答是第一辆还是更多辆，我都可以说下面的话。）

哦，那您肯定知道，没有完美的车，只有适合自己的车。其实，大部分的客户在选择汽车时，都会先看安全性，再看操控性，最后对比能耗和其他细节。毕竟开车上路的话,安全第一嘛!

我们的汽车从设计那一刻起就高度重视安全性。我们认为,汽车是家庭空间的延伸,也是承载我们最爱的人的工具。只有在保护好自己和爱人的前提下,我们才能进一步体验驾驶的快乐。在各种标准的安全测试中,我们的汽车都取得了优异的成绩,这也是很多客户选择我们的汽车的原因。甚至,有些偏爱操控性、追求驾驶乐趣的客户,最终也选择了我们的汽车。因为我们的理念是:对安全的操控才是高级的操控。

要不我为您详细介绍一下这款 SUV 车的具体情况?

我来分析一下这段开场白。在这段开场白中,我并没有急于开始讲解产品,而是首先梳理了客户的理念,并多方位地对客户的需求进行试探和调整。

针对需求模糊的客户,我导入了"汽车先看安全性,再看操控性,最后对比能耗和其他细节"这样一个先导观点。在这个观点里面,我定义了"什么是好汽车"。

针对需求和产品特性相左的客户,我尝试性地抛出了"对安全的操控才是高级的操控"这样一个先导观点。这是这段话中的最高明之处。因为"操控"是一个虚词,我们可以从不同维度对其进行定义或解释。比如,在"对速度的操控"和"对安全的操控"之间，大部分人会选择哪一个呢？毫无疑问是后者。如果客户高度重视汽车的操控性，那么我通过对"操控"这个需求进行重新定义，最大限度地化解了客户潜在的拒绝性问题，让"操控"和"安全性"产生了一定的联系。

这就是先导观点对于销售工作的重要性和意义。

二、测试题：我的销售工作是从何时开始的

■ 敏锐度测试题

既然大家已经明白了先导观点的定义和重要性，那么现在我们就来做一个敏锐度测试。毕竟，只有首先学会敏锐地找到销售过程中的先导观点，我们才能进一步学习如何创造先导观点。下面，测试开始。大家请阅读下面三段话。

在早年的职业生涯中，我系统地学习了金融理财知识，并考取了金融理财师（AFP）证书。我的老师曾告诉我一个非常重要的理财观点：其实80%的客户并不清楚自己究竟

想要什么。在实战场景中，大部分客户会提一个需求：我想要一个高收益的产品。然而，当客户这样诉说时，他的需求其实并不明确。为了进一步帮助客户厘清需求，我们需要询问："先生，产品有很多种，在为您服务前，我需要了解一下您的具体需求，这样才能更精准地为您规划。通过投资这笔钱，最终您想要解决什么问题呢？也就是说，最终您会把这笔钱花在什么地方？是用于改善生活、子女教育，还是个人养老？"当我们这样询问后，大部分客户可能会发蒙，因为他们并没有深入思考过这笔钱经过增值后，究竟要花在什么地方。这个案例对我的触动非常大，从此以后，我牢牢记住了一句话：理财规划是关于花钱的学问。

我们的规划方向，不能简单地从产品出发。也就是说，我们不要首先关心客户喜欢什么样的产品，而是要首先关心客户将来会把钱花在什么地方。这才是从客户需求出发的正确规划理念！从这个角度出发，我们可以把钱的用途做如下划分：

（1）现在要花的钱（消费）。

（2）将来要花的钱（投资）。

（3）后代要花的钱（遗产）。

(4)他人要花的钱(慈善)。

我们大部分的投资,是用于"将来要花的钱"。毕竟,为了应对不确定的未来,我们需要准备一笔钱。经过仔细分析,我们会发现,类似教育金、养老金这类未来要花的钱,其本质是长期的、刚性的。因此,我们用来匹配这个需求的产品也必须是长期的、刚性的。在这方面,商业保险是一种非常常用且好用的工具。接下来,我花一点时间,讲一下商业保险的具体功能和意义。

接下来,请大家回答我提出的以下四个问题。

问题一:我的讲解最终落到了保险产品上。你觉得,我通过这种层层递进、环环相扣的推理,最终引入保险产品,自然吗?

我有这份自信,我的讲解是客观、公正且自然的。

问题二:我讲解具体产品了吗?

没有。我通篇都在普及金融理财的基础原理和知识。也就是说,我在讲解理财理念,帮助客户梳理真实的需求。

问题三：我的讲解是在做销售工作吗？

我认为，大部分人会认可我是在做销售工作，但我在销售理念而并非具体的产品。

问题四：请再次阅读全文并指出，我的销售工作是从何时开始的？或者说，哪一句话是我的核心先导观点？

请写下你的答案。

_____

_____

关于问题四，我先来公布答案，之后再仔细解答其中缘由。问题四的答案是：

"理财规划是关于花钱的学问"是我的核心先导观点。我的所有推论和论述，都在引出、解释这个先导观点，并最终引入产品——保险。

测试题解析

下面，我来讲解一下前面三段话的逻辑。你会清晰地发现，我是在按照"先导—推导—结论"的方法进行讲解的。

第一段：先导

本段落的目的在于铺垫：我描述了一个特定的对话场景，提出了引发客户思考的问题。在这样的背景下，我能够自然而然地引出我的先导观点：理财规划是关于花钱的学问。

第二段：推导

本段落本质上是在进行逻辑推导。如果"理财规划是关于花钱的学问"这个观点成立，那么自然而然地，我可以在这个观点的基础上进行推导：既然要研究花钱，我们可以把钱的用途分为四类。

第三段：结论

在钱的用途的第二类——"未来要花的钱"中，保险正好可以作为一个解决问题的方案。至此，我顺利地从"理财规划"推导出了"保险产品"。

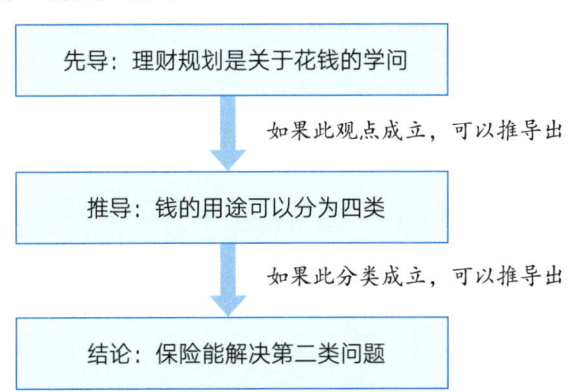

```
先导：理财规划是关于花钱的学问
              │
              ▼  如果此观点成立，可以推导出
推导：钱的用途可以分为四类
              │
              ▼  如果此分类成立，可以推导出
结论：保险能解决第二类问题
```

大家已经知道，初级的销售卖产品，高级的销售卖观点。在初级的销售中，销售人员往往一上来就开始讲解产品，结果客户常会产生抗拒心理。而在高级的销售中，销售人员往往从一个普通得不能再普通的观点开始，进而自然地得出销售结论。这种销售方式更温和，更能绕开客户的抗拒心理，进而大幅度提升销售的亲和度。

大家务必记住：若想成为高级的销售人员，你就要做到，当客户觉察到你在销售时，你的销售已经完成了。就像我们看的武侠小说里，会有这样的经典描述："当我觉察到他拔剑的一刻，我发现自己已经中剑了。"我更愿意把这个过程比喻为对弈。我们在下棋时，往往需要提前预判和布局。能不能做到提前布局，预判最终落子是我们想要的结果，这需要我们有针对性地进行思维和逻辑的训练。

因此，销售的第一步究竟是什么呢？不是介绍产品，而是先创造一个有利于我们说服客户的先导观点。

■ 本节练习题

为了帮助大家巩固本节的内容，我布置了两个测试题。请大家找出以下题目中隐藏的先导观点，并指出先导观点对哪个核心虚词进行了解释。

测试一

理财本质上分为三部分：应急、保值和增值。一个人赚到钱后，会把一部分钱存银行，尤其会配置一些短期理财产品。这类产品灵活性高、期限短，在生活中急需用钱时可以随时支取。一部分钱会被用来配置保值类产品。这类产品不追求特别高的收益，能对抗通货膨胀即可，比如银行大额存单、商业保险等。但随着生活水平的提高，人们开始迫切地追求财富的增值，这类诉求甚至成为高净值人士的刚需。在这个领域，基金定投是一种不错的选择。因此，在有余力的情况下，人们应该配置一份基金定投，它能很好地实现财富增值。

答案：

先导观点："理财本质上分为三部分：应急、保值和增值。"

接着对"理财"进行解释。

测试二

很多人认为，高端电脑就是卖得贵的电脑。其实，真正的高端是品质和工艺的高端，是科技含量的高端。我们的电脑的制作工艺和品质都非常讲究，售价几乎接近成本价，所以才能在终端市场上做到价廉物美。

答案：

先导观点："真正的高端是品质和工艺的高端。"

接着对"高端"进行解释。

三、观点植入技巧：定义法

通过前两小节的学习，你已经了解了什么是先导观点，以及如何敏锐地发现话语里的先导观点。如果能做到这两点，你的逻辑思维能力一定会得到提高。这会让你在销售、沟通、演讲、管理、谈判等方面，思维变得更清晰，也更有掌控力。接下来，我们进一步学习如何创造先导观点。

■ 定义法在理念销售法中的地位

在理念销售法中，先导观点必然是对核心虚词的重新定义，这一过程伴随着对客户需求的挖掘、创造、迁移甚至改变。这种重要的技巧，我们称为"定义法"。虚词和先导观点可以帮助我们了解语言结构，定义法使我们知道如何运用语言结构去帮助客户，让客户认清需求的多样性和自身的深层需求，进而实现观念的转变。

理念销售法认为，当客户对重要观念模糊不清的时候，销售人员要帮助客户进行重新定义，这是销售人员的机会所在。比如，"好水""好冰箱""好男人"这类虚词，本身就有不同的定义和解释，销售人员只需要运用语言强化对自己的销售工作有帮助的那个定义，就足以起到良好的效果。其实，整个理念销售法都是在研究定义。本小节我们要学习的定义法是最基础的技巧，也是我们学习后面章节所有复杂技巧的基础。很多悟性好的学员，甚至能从定义法推演出高级技巧。在理念销售法的诸多技巧中，假设只能选一个来学习的话，我首推定义法。

"婴儿区域"

有人可能会问，为什么定义法对销售工作能产生如此巨大的效果？因为人都渴求事物有定义。

本质上，我们都生活在主观观点中。对于事物，我们都有一系列自己的主观观点，这些观点让我们能够安心地生活在这个世界上。如果家里有小孩，我相信你的感触会更加深刻。小孩都有一个"十万个为什么"的阶段。在这一阶段，他们会提很多问题，而在这些问题中，有很多就是他们在寻求事物的定义和解释。我的小孩曾经问我："爸爸，什么是长颈鹿？"在他的世界里，长颈鹿是一个全新的物种，他需要一个关于长颈鹿的具体定义。于是，我只能找出长颈鹿的图片，进行详细的描述和解释。但是，随着年龄增长，他的问题会慢慢变得抽象，从实词转到虚词。比如，我的小孩曾经问我："爸爸，什么是善良？"很明显，此时他的智力已经达到一定水平，开始尝试对抽象的虚词进行定义。而我会用他这个年龄更容易理解的方式来回答："遇到小蚂蚁不去踩，就是善良。"这样孩子心里就能感到心安和满足。

这种现象仅限于儿童吗？我认为不是。在我看来，即使成年人对事物的认知是稳固的，有一系列自己看待世界的观点，他们的头脑中也会存在"婴儿区域"。关于"婴儿区域"，我的定义是："当面对自身不专业、不熟悉或者生活中常见但很少反思的事物时，人们会有强烈的想知晓事物定义的本能。"

在"婴儿区域"内，客户对产品的认知是空白的。销售人员的工作就是利用自身的专业度，帮助客户对产品有正确的认知。这也是定义法能够成功的前提。

比如，"好冰箱主要看三点，即一看保鲜，二看容量，三看省电"就是一个典型的"婴儿区域"案例。在这一案例中，客户对冰箱的认知并没有我专业，因此对"好冰箱"的定义权，自然掌控在我的手中。这样，我就能很快帮助客户建立起对于"好冰箱"的认知。这是专业度差异带来的"婴儿区域"效应。

又比如，"高端电脑"中的"高端"，属于生活中的常见词汇，但客户很少对其进行系统的反思和梳理，因此客户的头脑中也会存在"婴儿区域"。我告诉客户，"真正的高端是品质和工艺的高端"，以此进一步引发客户思考，帮助客户进一步认清和发现自身的内在需求。

这从另一个角度证明，理念销售法和我们对自己所在领域的专业程度是密不可分的，可以将其比作"招式"和"内功"之间的关系。我们对自己所在领域的专业知识掌握得越多，对关键词汇的理解越全面深刻，我们的"内功"就越深厚，也就越容易获得定义权。但是，只有"内功"不一定能带来销售的成功，我们还需要一定的"招式"。也就是说，我们还需要运用理念销售法的技巧，提升自身语言逻辑的水平，让语言成为助力销售工作的工具。

■ 定义法的四个步骤

了解了以上内容，我们正式开始学习定义法的运用。创造一个合理且有利于销售的定义，需要以下四个步骤。

第一步：找到产品的卖点。

第二步：运用上堆的技巧，将卖点放进一个更大的概念中。

第三步：造句，构建先导观点。

第四步：进一步推导，得出结论。

下面，我逐一为大家讲解这四个步骤。

第一步：找到产品的卖点

所有销售的达成，都是产品的卖点和客户的需求达成匹配。在学习理念销售法的过程中，我们一定要牢记：我们创造的定义不可以凭空而来，它必须基于产品的真实卖点。只有遵循这一原则，我们的语言才会产生真正的说服力。为了帮助大家更好地理解第一个步骤，我先来举一个例子。

> 假设我是一位即将去校园开展招聘工作的人力资源专员。从某种意义上来讲，我也是一名销售人员，我的任务是要把公司"销售"出去。那么，我应该如何开展销售工作呢？
>
> 首先，我应该仔细思考"产品"的卖点：我们公司究竟有

哪些与众不同之处？我可能会给出这样的答案：我们公司具备待遇好、晋升空间大、工作环境好等特点。那么，这些特点能不能被称为卖点呢？我认为不能。我经常讲：卖点不等于特点，不要错把特点当卖点。找准产品的卖点是所有销售的基础性工作，而做好这项工作并不容易。因此，我们要学会区分特点和卖点。

所谓特点，通俗来说就是，这个要素我有，竞争对手也有；这件事我能办，竞争对手也能办。而卖点则是，这个要素我有，竞争对手没有；这件事我能办，竞争对手不能办。所以，类似"待遇好""工作环境好"等要素就属于特点，毕竟其他公司也能对外宣称自己具备这些要素。正因如此，我需要再仔细寻找我们公司与众不同的卖点，这样吸引优秀人才的概率才会大大提升。经过仔细思考后，我最终把我们公司的卖点确定为：

A. 大型国有企业。

B. 全国性企业，分公司几乎覆盖全国所有省份。

C. 待遇在同级别企业中有竞争力。

我之所以得出这样的答案，是因为能同时满足以上三点的公司并不多。这样，不仅大大缩小公司竞争的范围，也能更好地凸显我们公司的与众不同之处。当然，我的措辞也变得更为严谨。

第二步：运用上堆的技巧，
将卖点放进一个更大的概念中

定义法的第一步仅仅是我们要做的基础性工作。如果定义法止步于此，那还远远不够。定义法的真正精髓在于第二步：不能就卖点而讲卖点，而是要将卖点放进一个更大的概念中。要想掌握和熟练地运用这一步骤，我们就需要学习一个新技巧：上堆。

在前面的章节中，我们已经学习过下切的技巧，而上堆是和下切相对的一种技巧。下切是不断地切分一个概念，找到这个概念更细小的分类。上堆则是不断放大一个概念，让这个概念归入一个更大的类别。比如对于"笔"这个概念分别进行下切和上堆的话，结果如下图所示。

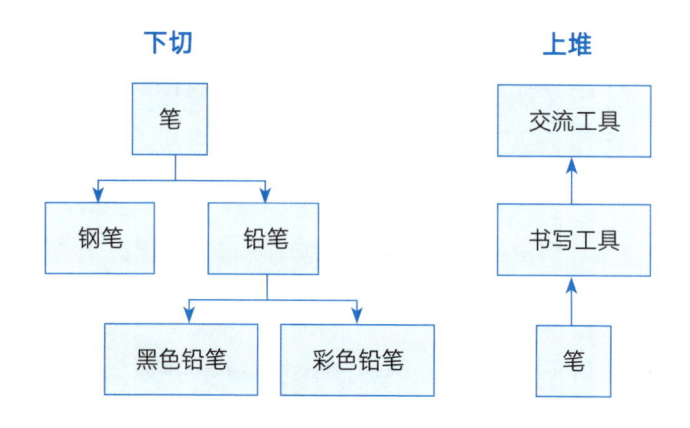

下切

```
    笔
   ↓
钢笔  铅笔
        ↓
   黑色铅笔  彩色铅笔
```

上堆

```
交流工具
  ↑
书写工具
  ↑
  笔
```

从上图我们可以清晰地看出：下切是大概念变小概念；上堆则正好相反，是小概念变大概念。就公司招聘那个案例而言，如果我想把卖点放进一个更大的概念中，就需要对"我们公司"这个概念进行上堆。

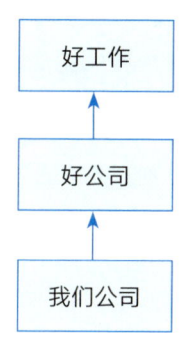

```
好工作
  ↑
好公司
  ↑
我们公司
```

显然，"我们公司"归属于"好公司"这样一个更大的概念，毕竟好公司不止我们公司一家。同理，"好工作"的概念也大于"好公司"的概念，因为要有一份好工作，我们不一定要加入某一家公司，也可以选择创业、自由职业等。

对上堆这一技巧有了基本的了解后，我用两段开场白来为大家展示一下，理念销售法和传统销售法切入角度的不同之处。

首先，我们来看一段传统销售法的开场白。

同学们好，我是××企业本次校园招聘会的人力资源

专员。在这里,我代表公司,向大家介绍一下我们公司的特色和优势。我们公司有三大亮点:

第一,我们公司是一家大型的国有企业,实力雄厚,工作非常稳定。

第二,我们公司是一家全国性的企业,分公司几乎覆盖全国所有省份,能够给大家提供足够广阔的发展空间。

第三,我们公司的待遇也非常不错,尤其是应届毕业生的工资水平,在同级别企业中很有竞争力。

希望各位优秀的同学能够选择加入我们公司,和我们一起实现梦想。

其实,这段开场白已经很好了,它逻辑清晰、条理分明,直入主题地将公司的亮点传达给了应聘者。但是,它推销的痕迹比较重,可能会给人一种"王婆卖瓜,自卖自夸"的感觉。也就是说,这种方式只是在突出要销售的产品,而没有创造一个有利于销售的观点。一旦销售工作被客户先入为主地判定为"推销"或"销售",他们就会产生本能的抗拒心理。

那么,有没有一种方式能够巧妙地绕开客户的抗拒心理呢?我们再来看看理念销售法是如何开场的。

同学们好,我是一名从业多年的人力资源专员,几乎每年都会参加我们学校的校园招聘会。这些年来,我看到不少同学从初入社会,慢慢实现功成名就。作为一个过来人,今天我尤其想先给大家分享一下关于职业选择的一些宝贵经验,供大家参考。

俗话说:"男怕入错行,女怕嫁错郎。"对我们应届毕业生来说,第一份工作的选择尤其重要。我知道,大家都想选择一份好工作、一家好公司,所以,今天我就给大家重点分享一下,如何判断一家公司算不算好公司。根据我的经验,好公司主要要看三点:

第一,企业性质。其实,市场上有很多成功的公司,但我们中国人有一个"传统情结",那就是认为国企更加稳定。这种看法不无道理,原因是……

第二,发展空间。我们在一家不错的公司工作并非一时的,可能会长达五年、十年,甚至更久。因此,这家公司到底好不好,还有一个很重要的参考指标,那就是它能不能给我们提供发展空间。其中的一个判断依据是,这家公司是不是一家全国性的公司。毕竟,这代表了我们未来发展的空间有多大。

第三,待遇。如果一家公司具备以上两点,还能提供市场上有竞争力的待遇,那基本上就可以算一家好公司了,可以当作我们的选择对象。

> 我们公司虽然不敢自称市场上最好的公司,却一直在朝这个目标努力。接下来,我为大家介绍一下我们公司的具体情况。

这种开场方式并没有一上来就介绍"产品",而是铺垫了一个观点——好公司的三个标准。这就是上堆技巧的应用。在案例中,"好公司"相较于"我们公司"是一个更大的概念,不容易让应聘者产生这样的抗拒心理:"他要开始推销自己的公司了,他多半会自卖自夸吧。"也就是说,我们并不是在推销自己的公司,而是在告诉应聘者好公司的标准是什么。应聘者听完后,可能会自然地产生这样的念头:"现在我知道了好公司的标准,而这家公司正好符合这三个标准,相信我加入后会有不错的发展。"

这便是理念销售法所倡导的:不要直接介绍产品,而是要创造一个有利于说服客户的观点。这样,客户才会更容易接纳我们的产品。

第三步:造句,构建先导观点

至此,你已经掌握如何找到产品的卖点,以及如何运用上堆的技巧,把卖点放进一个更大的概念中。那么,接下来你需要做的,仅仅是造句而已。

一个标准的定义,必然具备标准的表达句式。一般来讲,定义的句式分为以下三种:

(1)……是……

(2)不是……,而是……

(3)主要看三点……

首先,我来讲第一种句式。

大部分的定义以"……是……""……就是……"这样的表达结构呈现出来。比如,"好工作就是要待遇好。""好男人就是要顾家。""高端产品就是要科技感十足。"在这样的表达结构中,"是"的左边是被定义的虚词,右边是对其具体的解释。在实际的语言表达中,这种句式可能会稍微有些变化,常见的变化包括"是"被隐去,或者"是"被替换为"即",等等。比如,"好工作(就是)要高工资。""好男人即有责任感的男人。"

接着,我来讲第二种句式。

这是一种较复杂的句式,往往被用于这一场景:竞争产品之间的卖点比较。比如,在销售冰箱的案例中,"保鲜"和"省电"之间就构成了卖点比较。如果我们销售以"保鲜"为主要卖点的冰箱,句式就应该是:

> 先生，好冰箱不是看省电，而是看保鲜。其原因如下……

如果我们销售以"省电"为主要卖点的冰箱，句式就应该是：

> 先生，在节能环保这样一个大背景下，符合现代理念的冰箱，不是只看保鲜就行，而是还要看省电。其原因如下……

从逻辑上来讲，以上两个句式都能站住脚，因为它们定义的虚词并不相同：第一个句式定义的是"传统的好冰箱"，第二个句式定义的是"环保理念下的好冰箱"。这反映出定义法的多角度、灵活性和包容性，也印证了我反复强调的观点：销售人员的工作，是引导客户从不同角度去发现、厘清自己的真实需求。也就是说，销售人员只需要向客户展示"什么是好冰箱"的不同角度，至于是偏向"传统观点"，还是偏向"环保观点"，则需要客户自己做出选择。

最后，我再讲一下第三种句式。

这是我最喜欢的一种句式。我在前面已经反复使用过了。比如，"好冰箱，主要看三点……""好公司，主要看三点……"，这里不再赘述。

其实，我们也可以换一个角度去看待前面那三种句式，它们分别对应三种不同的销售场景：一个卖点、两个卖点比较、三个显著卖点。在实际的销售工作中，大家可以根据自己要销售的产品情况灵活地选择运用。

为了帮助大家更好地理解这三种句式在实战场景中的应用，接下来，我举三个案例来示范。

案例一：房地产销售

假设你是一名房地产销售人员，手里有三套不同风格的房子。

第一套房子：位于市中心，交通便利，邻近地铁。

第二套房子：标准学区房。

第三套房子：位于郊外，风景秀丽，但距离市中心较远。

这三套房子可谓各具特色。那么，你如何运用"……是……"的句式，来助力自己的销售工作呢？

经过初步分析，我们会发现，这三套房子的卖点已经非常突出。我们只需要将卖点放进一个更大的概念中，并运用句式组成完整的句子即可。"好房子"这个大概念是一个不错的选择，接下来我们只需要定义"什么样的房子是好房子"。

第一套房子

先生，您好。其实买房子就是买地段。这个观念您能接受吧？您想想，我们都是普通的打工族，每天都要上下班。如果您的房子地段优越，交通便利，那么您每天早上就能够晚半小时起床，下班就能够早半小时到家。这样，您每天就能省出1小时来陪伴家人。像我们这样的打工族，以后至少还要工作十年，甚至二十年，所以每天省出来的时间不容小觑呀。因此，"地铁房"才是真正适合您的好房子。我们这套房子就邻近地铁，我来给您具体介绍一下。

通过对客户的需求进行分析，我们给出了"好房子"的定义——好房子就是要地段好。由于我们一开始并未直接推销房子，而只是分享了自己对于"好房子"的理解，客户出现抗拒心理的可能性较小，且容易和我们达成共识。

第二套房子

先生，您好。我看您的孩子刚好到了上学的年龄。您想，我们辛辛苦苦工作为了什么？还不都是为了孩子吗？所以，好房子肯定要有配套的好学区。这样一来能解决孩子的上学问题，二来保值增值效果更好，可谓投资、自住两相宜。我们这套房子，与××学校对口，我给您介绍一下。

我们判断，客户的需求可能在孩子上学这方面，故而重点构建了"好房子就是要有好学区"这样一个定义，以满足客户的潜在需求。

第三套房子

先生，您好。一看您就是成功人士。像您这样每天在CBD上班的人士，肯定特别希望下班后能够远离工作琐事，获得彻底的放松，或者获得一种"回家就是度假"的感觉。我们这套房子，远离市区，依山傍水，居住环境特别优美。您平日的商务往来应该很多吧？如果客户到您家里来拜访，进行商务洽谈，您就可以带客户在周边逛逛。这样的话，不仅可以放松心情，也特别能彰显您的格局和气质，保准生意谈一个成一个。所以，好房子肯定要有好环境。我来给您具体介绍一下我们这套房子。

我们面对的客户是一位商务人士，他可能有对居住环境的需求。因此，我们需要构建"好房子就是要有好环境"这样一个定义，来进一步激发和强化客户的需求。

通过以上三个示范,我们对"好房子"这个大概念,分别从三个不同的角度做出了定义。什么样的房子是好房子?客户喜欢的房子就是好房子。好房子既可以是地段好,也可以是有好学区,还可以是有好环境。也就是说,没有最正确的定义,只有最符合客户需求的定义。因此,当我们运用定义法的时候,一定要记住:客户的需求在哪里,我们就要从哪里出发来构建定义。

案例二:手机销售

假设你和老王都是手机销售人员,代表不同的商家。老王的手机卖2000元一部,你的手机卖5000元一部。很显然,你卖的手机比老王卖的贵多了。今天,你遇到一位尤其在乎手机价格的客户,他认为你卖的手机太贵了。那么,你如何运用"不是……,而是……"的句式构建一个定义,以此减轻客户的抗拒心理,争取到销售机会呢?

在这个案例中,你卖的手机在价格上确实不占优势,但"贵"是虚词,既然是虚词,就可以有不同的定义。因此,你需要重新定义"贵",尽可能地引导客户看到你卖的手机的独特优势,以便深层次挖掘客户的需求。示范如下。

我们这部手机的零售价确实比较贵,但我给您举个例

子。假设一部手机的成本是 4800 元，零售价是 5000 元，那么每部手机的利润也只是 200 元；另一部手机的成本是 1000 元，零售价是 2000 元，那么每部手机的利润就是 1000 元。您觉得，买哪部手机更值呢？也许，这个例子不太恰当，毕竟我们也不可能了解其他手机的成本是多少。我只是想表达，我们这部手机的质量确实过硬，所以定价也是很合理的。其实，买手机不是看贵不贵，而是看值不值。您说是这个道理吧？

在传统观点中，"贵"就是指零售价贵。但在上文的示范中，我们运用下切的技巧，把"贵"拆解为"零售价贵"和"成本价贵"。也就是说，我们打破了客户的传统思维模式，让其意识到成本也是一个要考虑的因素，毕竟成本决定了产品价值。我们的工作，是运用"不是看贵不贵，而是看值不值"的句式，帮助客户换个角度看待问题，以发现自己真正的需求。至于在"贵不贵"和"值不值"之间，客户如何抉择，则只能让客户自己去权衡了。

案例三：银行代销保险产品

假设你是一位银行的理财经理。你所在的银行代销了一款资金型保险产品，你本人对这款产品也很认可。前段时间，有一位客户主动向你咨询，告诉你，他有管理财富的需求。但是，客户并不了解此类保险产品，因为客户之前的需求仅限于基金、银行理财等产品。那么，你如何运用"主要看三点……"的句式，顺利帮助客户发现保险产品的亮点，进而实现成交呢？

在上述案例中，如果我们从产品出发，直接给客户介绍保险产品，可能会令客户产生抗拒心理。因为客户对保险的认知可能还没有完全到位。因此，我们必须从构建有利于销售的观点入手，运用上堆的技巧，把保险放进一个更大的概念中。"好产品"这一概念比"保险产品"更大，我们不妨就用这个概念来组织开场白，毕竟没有人会抗拒好产品。示范如下。

先生，前段时间您有过管理财富的需求，也在寻找相关的好产品。我这边专门为您挑选了一下。我个人认为，一款好产品主要有以下三个特征：

第一，收益性。人们进行投资理财时都会追求收益高，这是天经地义的。我给您推荐的产品肯定要具备这一点。但在当前市场中，什么是真正的收益呢？我认为，有合同约束和保障的收益才是真正的收益。这是我挑选产品的第一原则。

第二，安全性。我们都知道，收益和风险是并存的，在进行投资理财时，人们很重视本金的安全。这也是我为您挑选产品时的一个原则。其实,真正的安全不仅指本金安全,还指收益安全。

第三,流动性。钱最终要花出去,才能解决我们生活中的问题。真正的流动性是指您能掌控支配现金流,也就是当您需要资金的时候,产品能够让您随时支取。

我们有一款代理销售的保险产品,非常符合这三点。我先给您详细地介绍一下,之后我们再进行深入的探讨。您看可以吗?

在三种定义句式中,"主要看三点……"是力度最强的一种。它通过对三种要素的解释,不断地强化同一个概念,从而更利于客户接受。但是,该句式的运用依赖于销售人员对专业知识的掌握。总之,只有做到专业知识与销售技巧相结合,才能极大地提升成交的概率。

以上便是我对三种句式的运用所做的具体示范。在实际工作和生活中,你慢慢练习这三种句式,用不了多久,你的沟通和销售就会变得更自然,也更有说服力。

如果你对上述第三个案例做更仔细的分析,就会发现我用到了"嵌套定义"这样一个更为复杂的技巧。

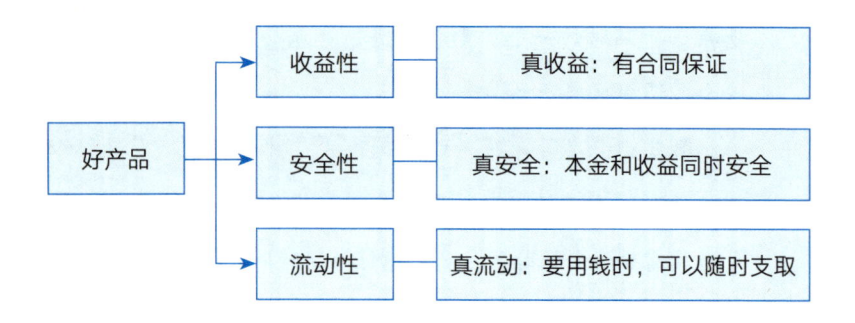

```
好产品 ──┬── 收益性 ── 真收益：有合同保证
        ├── 安全性 ── 真安全：本金和收益同时安全
        └── 流动性 ── 真流动：要用钱时，可以随时支取
```

所谓嵌套定义，通俗来说，就是用大定义套小定义。比如，"好产品"是一个虚词，是一个大定义，于是我分别用"收益性""安全性""流动性"来对其进行解释。但是"收益性""安全性""流动性"这三个词，依然是虚词，是小定义，客户理解起来可能依然会产生分歧和误解。于是我再次对这三个虚词进行解释，这样定义变得更加完整和清晰，客户也就更容易理解了。

比如，我们用嵌套定义的技巧对"好男人"进行定义的话，其逻辑如下图所示。

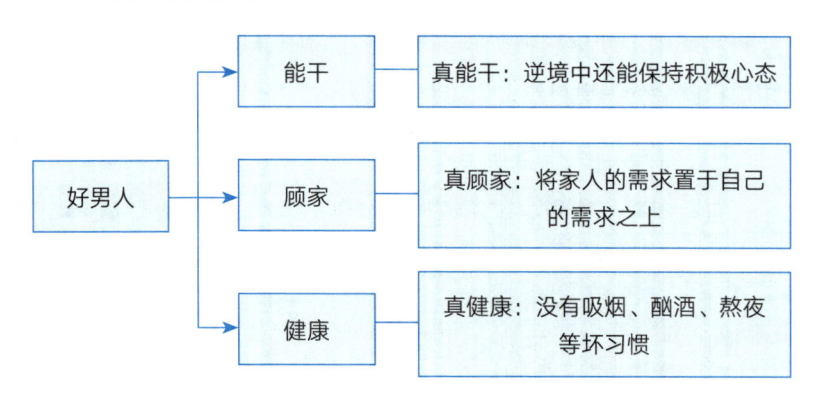

```
好男人 ──┬── 能干 ── 真能干：逆境中还能保持积极心态
        ├── 顾家 ── 真顾家：将家人的需求置于自己的需求之上
        └── 健康 ── 真健康：没有吸烟、酗酒、熬夜等坏习惯
```

如果把上图的沟通逻辑变成完整的一段话，大意是这样的。

> 好男人一定要具备三个特点：能干、顾家和健康。
>
> 首先是能干。那什么是真正的能干呢？我觉得，一个男人算不算能干，不能单纯从年薪、月薪这样的单一维度来判断，毕竟人生顺风顺水时，每个人都有挣钱的机会。一个男人算不算能干，还得看他在逆境中如何表现，是否能做到积极应对。
>
> 其次是顾家。一个男人再能干，如果不顾家，也算不上好男人。但是，我们不能把顾家狭义地理解为每天在家里守着自己。很多时候，男人要忙事业，所以，只要在经济、家庭责任等各方面都愿意尽己所能去承担，将家人的需求置于他自己的需求之上，就可以算是真顾家。
>
> 最后是健康。一个人能不能长久保持健康，主要取决于他的生活习惯。一个男人如果没有抽烟、酗酒、熬夜这样的坏习惯，一般就算是真健康了。

对于嵌套定义的语言模式，我们可以总结如下：

×××主要看三点：A、B、C。

真正的A，其实是……

真正的B，其实是……

真正的 C，其实是……

总之，嵌套定义是理念销售法的一种高级语言技巧。在一套完整的嵌套定义中，我们对"小定义"的再度解释，其实对"大定义"的成立和稳固起到了良好的支持作用。其目的是减少客户的误解，强化客户对观点的认同。本质上，嵌套定义为我们提供了一套沟通、说服的万能语言模板，它帮助我们实现从句子到段落的进阶。

第四步：进一步推导，得出结论

通过前面的讲解，大家应该明白，定义归属于先导观点这样一个更大的概念。也就是说，并非所有的先导观点都以定义的句式出现，但定义必然是一种先导观点。所以，当我们构建一个定义时，其本质是在抛出一个先导观点。

当一个先导观点成立时，我们有两种路径对其进行延伸：第一种路径是，继续论证这个先导观点，用更多的证据证明和支撑它，最终抛出我们的销售结论；第二种路径是，在这个先导观点的基础上，推导出另一个观点，最终抛出我们的销售结论。

但是，无论是论证一个观点，还是推导出另一个观点，都需要用到本章第二小节讲过的一个方法：先导—推导—结论。

定义法的最后一步,就是要贯通先导、推导和结论,这样定义法才能严谨和完整。

首先,我们来看第一种路径。我以上文"好房子就是要地段好"的案例为例,运用"先导—推导—结论"的方法对其进行拆解。

先导:

先生,您好。其实买房子就是买地段。这个观念您能接受吧?

推导:

您想想,我们都是普通的打工族,每天都要上下班。(支撑一)

如果您的房子地段优越,交通便利,那么您每天早上就能够晚半小时起床,下班就能够早半小时到家。这样,您每天就能省出1小时来陪伴家人。(支撑二)

像我们这样的打工族,以后至少还要工作十年,甚至二十年,所以每天省出来的时间不容小觑呀。(支撑三)

结论:

因此,"地铁房"才是真正适合您的好房子。我们这套房子就邻近地铁,我来给您具体介绍一下。

经过上述拆解，大家会发现，这段话具备非常严谨的语言逻辑。首先，在对话的开始，我们抛出了一个先导观点，直接为"好房子"下了一个明确的定义——买房子就是买地段。之后，我们用了三个强有力的论点，来证明和支撑这一定义。最后，我们抛出了销售结论："地铁房"才是好房子。这便是第一种路径的具体运用。

我接着为大家示范第二种路径。在本章第二小节中，在对"我的销售工作是从何时开始的"这一测试题进行解析时，其实我已经用"先导—推导—结论"的方法示范了第二种路径。下面，我们来简单复习一下。

先导：理财规划是关于花钱的学问。

推导：生活中要花的钱可以分为四类。

结论：保险能解决第二类问题，是一个非常不错的选择。

在这段话中，我们一开始就抛出了先导观点——理财规划是关于花钱的学问。既然这个观点成立，在此基础上，我们就能推导出另一个观点——生活中要花的钱可以分为四类。既然这个观点也成立，在此基础上，我们就能有理有据地抛出销售结论——保险能解决第二类问题，是一个非常不错的选择。

至此，我已经把定义法完整地教给大家了。正如本章开头所言，整个理念销售法就是一门重构定义的学问，定义法是我们学习后面所有高级技巧的基石。

在本章的最后，我用一个自己非常喜欢的比喻来做总结。如果你认真研读过欧几里得的《几何原本》，你会发现，几何学"大厦"的基石是公理，在公理的"基石"上是更为复杂的定理，随后完整的几何学"大厦"才被慢慢地构建出来。理念销售法也大致如此。虚词是原点；在此基础上，构建定义；在定义的基础上，不断进行推导，最终形成段落和完整的篇章。

四、本章练习题

为了帮助大家更好地巩固本章所学内容，我准备了三个练习题，并给出了答案和点评。大家可以做一下。

练习题（一）

请找出下面段落中的先导、推导和结论。

女人都想找一个好男人。关于一个男人是不是好男人，其实有太多的标准。但是，有一个标准是大部分人都接受的，那就是好男人是有责任心、身体健康、有能力的人。

判断一个男人是否符合这个标准，其实有一个很有用的指标，今天分享给大家。这个指标就是"是否热爱健身"。一个热爱健身的男人，大概率符合好男人的标准。

如果一个男人热爱健身，至少说明他对自己的生活是热爱的，也是负责任的。毕竟，一个对自己身体都不负责任的男人，也很难在其他领域拥有责任心。而且，一个男人热爱健身，一般就会拥有健康的身体。如果他还系统性地参加训练课程，并搭配科学合理的饮食，则可以判定，他还有一定的经济实力。毕竟，支撑系统性的训练课程和营养都需要不少的花费。

所以，从这个角度来说，热爱健身的男人是好男人。

答案：

先导：好男人是有责任心、身体健康、有能力的人。

推导：热爱健身的男人也是有责任心、身体健康、有能力的人。

结论：热爱健身的男人是好男人。

点评：

本段运用的是"好男人主要看三点"的定义句式。首先抛出先导观点，之后进行推导论证，最后抛出结论，目的在于说服大家多参与健身。

练习题（二）

请运用上堆和下切的技巧，梳理以下商业软文中的语言逻辑。

我们都在追求幸福的生活。不同的年代对幸福自然有不同的定义，也就是说，我们对于幸福的理解和感受是动态的、变化的。所以，我们只有顺应和紧跟时代的步伐，才能在动态的生活中获取幸福的感受。

近年来，时尚新生代对于幸福的理解已经悄然发生变化。他们既崇尚积极工作，也更注重亲近自然、放松地生活。户外露营开始崭露头角，正是这一变化的具体体现。在优美的自然环境中，陪伴爱的人一起度过浪漫的户外之夜，已经被很多人视为周末休闲的标配。随之兴起的必备配置，正是新能源汽车。一台新能源汽车，不仅能充当远途的交通工具，还能提供户外露营的必备空间。有的新能源汽车所配置的露营模式，更是为人们提供了车内的舒适睡眠环境，备受新生代追捧。

在今年的车展上，有一款新能源汽车也随之进入人们的视线。它正是××旗下的全新品牌……①

答案：

这篇软文有非常明显的上堆和下切的语言结构，其语言逻辑如下图所示。

```
幸福的生活
   ↓
紧跟时代步伐
   ↓
陪伴家人露营
   ↓
新能源汽车
```

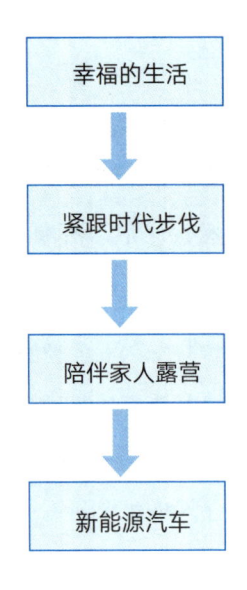

① 内容来自互联网，因时间较久，未查到具体来源。

点评：

这篇软文首先运用上堆技巧引入了一个宏大的概念——幸福的生活。这是一个让人无法抗拒的"大概念"，毕竟谁不想追求幸福的生活呢？接着，这篇软文把"幸福的生活"下切，进而得出"紧跟时代的步伐才能幸福"的结论；再下切，得出"陪伴家人露营是紧跟时代步伐的体现"的结论；再下切，得出"新能源汽车是露营时的必要装备"的结论；最后引出想要销售的某款新能源汽车。

本练习题可以让我们再次温习一个重要观点：从一个让客户无法抗拒的观点开始销售，是理念销售法倡导的方向。

练习题（三）

假设你经营两家风格不同的餐厅：一家用餐环境优美，但菜品定价略高；另一家主打可口和实惠，但用餐环境略差。现在，你需要为这两家餐厅准备宣传语，以说明它们都是好餐厅。请用"不是……，而是……"的定义句式来写宣传语。

答案：

价格高的餐厅：在餐饮口味趋同的今天，我们选择餐厅时，不是要考虑吃的口味，而是要考虑吃的环境。本店用餐环境幽雅舒适，适合招待客户和朋友。

价格低的餐厅：家人用餐，吃的不是面子，而是菜品。本店菜品可口实惠，适合全家享用。

点评：

两段宣传语分别针对需求不同的客户群体而设计，凸显了餐厅不同的特色。

CHAPTER 4
句式（二）
——让客户自动鉴别需求

一、二分法：让客户自动成交

本章依然会对句式做进一步的介绍，只不过本章中的句式将变得更加复杂，在实战运用中的效果也更加显著。

■ 什么是二分法

在几乎所有的销售中，销售人员总会遇到客户对产品进行对比的情况。比如汽车销售，客户会在外观、安全、油耗、操控、价格等诸多方面对产品进行对比，而我们的产品并非万能产品，无法满足客户的所有需求，因此很容易导致销售失败。

从销售心理学来看，进行产品对比，是客户做出购买决策时必然要经历的步骤。既然如此，我们能不能提前介入产品对比环节，对客户进行有效的干预和影响呢？或者说，有没有一种方法，既能让客户进行产品对比，又能让客户最终选择我们的产品呢？答案是肯定的。这也是我们本章要学习的重点。

首先，我们来看三个范例。

范例一

"市场上的金融产品大致分为两类：一类是靠风险赚钱，另一类是靠时间赚钱。"

在这句话中，我对市场上的金融产品下了一个定义。进一步观察后，你会发现，这个定义是以"一分为二"的句式呈现出来的。那么，你是更愿意选择"靠风险赚钱"的金融产品，还是更愿意选择"靠时间赚钱"的金融产品呢？我相信你会选择后者。这也正是我的销售意图：我本就希望你选择后者。也就是说，这个选择看似是你自己做出的，实则是我希望你做出的。

范例二

"选公司，无非选两种：一种是选能短期提升收入的公司，另一种是选能提供长期稳定平台的公司。"

如果是你，你更愿意选择"短期提升收入"，还是"长期稳定平台"？我相信你会更倾向于选择后者，毕竟在我们的传统价值观中，"长期稳定"更受推崇。而这个选择，也是我希望你做出的。

范例三

"买翡翠首饰，无非看两点：一看真假，二看价格。为了让每一位消费者放心，××珠宝郑重承诺：每款翡翠首饰都是 A 货纯天然翡翠，假一赔十！"

在"真假"和"贵贱"之间，你会做何选择呢？肯定是选择货真价实的商品。价格会成为你稍后再考虑的因素。

观察以上三个句式，你会发现，它们都起到了明显的暗示或引导作用。这是因为，在设计句式时，我用到了一种技巧，那就是"二分法"。二分法是一种提前干预客户需求的技巧。在运用二分法时，我们给予客户两个看似开放的选择，但在语言组织上带有一定的暗示或引导倾向，从而使客户大概率做出我们希望其做出的选择。

二分法的六大功能

从客户需求的角度出发，通过合理且巧妙的语言场景设计，让客户自动对内心的需求进行权衡和排序，从而做出最符合语言场景的选择。这正是二分法的强大功能。

下面，我将从六个方面来具体阐述二分法的强大功能。

功能一：框定思维范畴

客户之所以在选择时会纠结，根源在于其需求的多样性。

客户的需求越多，他们就越难以做出购买决策。比如在购买汽车时，客户常见的需求包括外观、安全、油耗、操控、价格五个方面，甚至更多。当面临如此多的需求时，客户就很容易陷入左右摇摆的局面。二分法的一个重要功能就是"做减法"。通过二分法，我们可以删减一些对本次成交无用的需求，突出对本次成交有益的需求，并把客户的主要需求框定到只有两个。这样我们就能搭建起一个更简洁、更利于成交的语言场景。

这里还以汽车销售为例。我们可以把客户对汽车的需求框定到安全和操控这两个方面。这样的话，我们就能更好地框定客户的思维范畴，大大降低客户选择时纠结的程度。当然，我们也可以根据自己所销售的汽车的特色，把客户的需求框定在油耗和价格这两个方面。具体如何框定，需要我们根据产品特色，选择两个便于比较的方面，进行语言组织。

功能二：貌似开放，实则封闭

这是二分法区别于传统"二择一法"的根本之处。在传统销售中，销售人员邀约客户时会问："您是上午有空，还是下午有空？"促成交易时会问："您是微信支付，还是刷卡？"这里用到的就是传统的"二择一法"。诚然，这种提问方式优于"您这周什么时间有空？""您想怎么支付？"等开放式的提问，但是，"二择一法"提的问题都是封闭式问题，缺乏引导性。也就是说，用"二择一法"提问后，客户选择两个答案的概率各为50%。

二分法在语言组织上更具技巧性。它看似给予客户开放性的选择，实则引导客户做出唯一的选择。或者说，二分法可以帮助我们做到：让客户以 80% 的概率选择我们想让他选择的答案。

功能三：给出暗示

暗示是传统心理咨询和催眠治疗中常用的语言技巧。相比于明示，暗示更加委婉，也更容易让人接受。二分法之所以功能强大，就在于其语言结构中包含大量的暗示。

比如，在上文范例一中，"靠风险赚钱"和"靠时间赚钱"看似是两个同等的需求，实则不然，因为大部分人是厌恶风险的。通过暗示，客户选择的天平自然就偏向了安全性——"靠时间赚钱"这一边。

功能四：难以提出拒绝性问题

客户只会对明确的销售动作提出拒绝性问题。在上文范例二中，如果我们直接告诉应聘者"我们公司工作稳定，请加入"，那就属于明确的"销售"动作，很容易引发应聘者的抗拒心理。但我们从建议和分析的角度出发，用二分法帮助应聘者梳理了自己的需求，从而绕开了应聘者的抗拒心理。

二分法之所以能让客户难以提出拒绝性问题，还在于顺势而为。我们都知道，客户在做出购买决策前，一定会对产品进行对比。如果我们不提前介入，帮助客户进行产品对比，客户就一定会自己进行产品对比，那样就不一定会做出我们希望的选择。比如，客户在购买西瓜前，内心一定会有一套比较的"程序"：是买西瓜，还是买橘子？是买一个，还是买半个？是买大瓜，还是买小瓜？此时，如果我们顺应"客户必然会进行产品对比"的思路，将对比行为进行前置，就可以说："从健康的角度来说，水果可以分为'升糖快的'和'升糖慢的'两种。西瓜'升糖'比较快，橘子则'升糖'比较慢。您更倾向于哪种？"这样，我们就提前帮助客户做了产品对比，并运用二分法的技巧，让客户的选择偏向于橘子。相较于向客户推销产品，帮助客户对比产品更容易避免客户提出拒绝性问题。

功能五：凸显专家身份

在整个销售过程中，主控权的争夺可谓无时不在，无处不在。在本书第 3 章中，我提到过"定义权"的争夺。在一次销售中，谁掌握了定义权，谁就掌握了销售的主控权。能够掌握定义权的人，必然比其他人更专业，对产品的理解也更深刻。二分法可以帮助销售人员以专家的身份向客户提出专业的建议。

当然，这依赖于销售人员对专业知识的掌握程度。

功能六：引起兴趣，愿意全部听完

二分法会提供一个足以引起客户兴趣的选择，这种选择会激发客户不断地进行思考。在上文范例一中，客户听完我们的话，可能就会开始认真地思考："我究竟是偏好风险，还是偏好安全？"在思考的过程中，客户不一定能马上得出答案，这就给了我们进一步下切、厘清、解释相关概念的时间。此外，客户也会有强烈的好奇心，希望能够听完我们究竟会如何解释相关问题。这样我们就能顺理成章地引出自己要销售的产品。

■ 创造二分法句式的五个步骤

在理念销售法中，二分法依然属于运用句式的范畴，但效果显著。接下来，我就分五个步骤来教给大家，如何用二分法创造不可抗拒的定义，让客户自动鉴别其需求。

步骤一：预设一个竞争对手。

步骤二：先寻找己方的卖点 A，再寻找对手的卖点 B。

步骤三：上堆 A，并重新定义 A，突出 A 的优势。

步骤四：上堆 B，并重新定义 B，突出 B 的劣势。

步骤五：用二分法造句。

步骤一：预设一个竞争对手

大家已经知道，客户在做出购买决策前，必然会对产品进行对比。既然如此，在销售的过程中，我们就应该顺势而为，提前帮助客户进行产品对比。因此，在展开销售工作前，我们需要主动为自己的产品预设一个竞争对手。无论这个竞争对手是真实存在的，还是我们创造的假想敌，都对二分法句式的创造至关重要。

下面，我还以本书第 2 章中的冰箱销售为例，来进行具体演绎。

假设你销售的产品是一台保鲜冰箱，那么你需要做的第一步就是预设一个竞争对手。通过观察，你发现隔壁的对手销售的省电冰箱可能是客户会选择的对比对象。于是，无论客户在购买时是否会进行对比，你都应以省电冰箱为假想敌。

步骤二：先寻找己方的卖点 A，再寻找对手的卖点 B

预设好竞争对手后，你首先需要找到己方产品的卖点，也就是保鲜，我们将其称为 A。之后，你还要找到对手产品的卖点，也就是省电，我们将其称为 B。将 A、B 两个卖点确定下来后，你接下来要做的工作，就是确保己方的卖点 A 能够在竞争中获胜。

步骤三：上堆 A，并重新定义 A，突出 A 的优势

在传统销售中，步骤一和步骤二其实非常常见，而理念销售法之所以能被称为更高级的技巧，就在于对步骤三的运用。在步骤三中，你需要运用上堆的技巧，重新定义己方产品的卖点 A。这样的话，你就可以避免在"低维度战场"展开产品竞争，把产品竞争推向更有利于己方的"高维度战场"。该步骤的要点在于：通过上堆，拉高维度，高维制胜。

在冰箱销售中，如果你只是单纯地将"保鲜"和"省电"进行对比，则难免落入俗套，这也是销售中的大忌。因为在低维度进行产品对比，是很难凸显己方产品的优势的。你需要对己方的卖点 A 进行上堆，把 A 放进一个更大的概念中。

接下来，你需要思考：用哪个概念代替"保鲜"？这个概念既需要大于"保鲜"，能完美地涵盖"保鲜"，也需要凸显保鲜冰箱的优势，让其能够在产品对比中大概率胜出。经过思考，你可能得到如下方案。

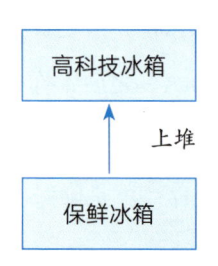

```
┌──────────┐
│ 高科技冰箱 │
└──────────┘
     ↑  上堆
┌──────────┐
│  保鲜冰箱  │
└──────────┘
```

把"保鲜"这一卖点装进"高科技"这样一个更大的概念

中，你的销售会变得更加委婉。因为你没有直接阐述产品的卖点——"保鲜",而是从一个更宏观的角度——"高科技"去和客户沟通,客户的抗拒心理自然会减轻。

但是,这个方案还不够好。为什么?因为它只是具备了上堆的"形",还不具备上堆的"魂"。虽然"高科技"是一个更大的概念,"保鲜"可以被装进去,但是,竞争对手的卖点——"省电"也可以被放进去。也就是说,这一方案并没有凸显己方产品的比较优势,不足以让"保鲜"在与"省电"的比较中脱颖而出。

经过仔细思考,你换了如下方案。

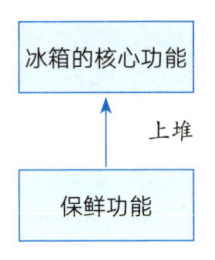

```
┌──────────────┐
│  冰箱的核心功能  │
└──────────────┘
        ↑   上堆
┌──────────────┐
│    保鲜功能    │
└──────────────┘
```

毋庸置疑,这个方案更好。"核心功能"这个概念比"保鲜功能"更大,也更利于客户接受,而且它还能很好地凸显己方产品在竞争中的优势。因为"保鲜功能"确实属于"核心功能",而竞争对手的"省电功能"则很难成为冰箱的"核心功能"。这就是二分法的精髓所在:通过上堆技巧,己方产品的卖点具有了唯一性,更容易在产品对比中胜出。

步骤四：上堆 B，并重新定义 B，突出 B 的劣势

有了步骤三的经验后，步骤四对你来说就非常简单了。你开始思考把"省电"装进另一个更大的概念中，去重新定义"省电"。这个概念需要和"核心功能"形成鲜明的对比，最关键的是，它还必须凸显竞争产品的劣势。经过思考后，你的方案如下所示。

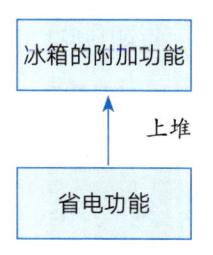

```
   ┌──────────────┐
   │ 冰箱的附加功能 │
   └──────────────┘
          ↑ 上堆
   ┌──────────────┐
   │   省电功能    │
   └──────────────┘
```

"附加功能"是一个更大的概念，可以很好地把"省电功能"囊括在内。同时，它也很好地向客户强调了竞争产品的劣势。这样，在"核心功能"和"附加功能"的对比中，客户大概率会选择"核心功能"。

至此，你已经完成了前四个步骤的学习，其逻辑关系如下图所示。

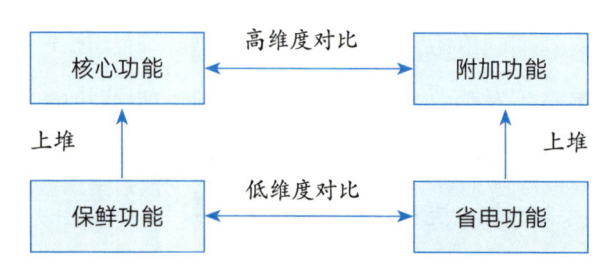

```
  ┌────────┐   高维度对比   ┌────────┐
  │ 核心功能 │◄────────────►│ 附加功能 │
  └────────┘               └────────┘
      ↑                        ↑
   上堆│                        │上堆
      │                        │
  ┌────────┐   低维度对比   ┌────────┐
  │ 保鲜功能 │◄────────────►│ 省电功能 │
  └────────┘               └────────┘
```

步骤五：用二分法造句

接下来，你需要做的只是用二分法的句式造句。经过语言组织，你的开场白如下。

> 销售人员：先生，以我的经验来看，冰箱大致分成两种：一种注重深钻核心功能，另一种注重拓展附加功能。两种都是不错的选择。您看您比较看重哪一种，我给您详细地介绍介绍？

这段开场白是一个很典型的二分法句式。通过这段话，你用"核心功能"和"附加功能"这两个大概念成功地引起了客户的好奇心。它可以让你很好地掌握一场销售的主动权。接下来，你需要解释大概念，进而继续引导客户。

> 客户：我不太明白你的意思，你能具体地讲一讲吗？
>
> 销售人员：哦，其实是这样的。所谓核心功能，自然是指冰箱最重要的功能。冰箱的核心功能自然是保鲜啊，这也是我们购买冰箱的初衷所在。在冰箱的保鲜功能差距不大的情况下，如果厂家能在保鲜方面进一步领先对手，肯定是具备过硬的技术实力的。但更多的厂家，往往选择在附加功能上进行拓展，比如省电功能。这样的附加功能

让冰箱更加多样化。您看您比较看重哪一种?

"核心功能"和"附加功能"是大概念,也是虚词。对这类词语,客户大概率不会产生抗拒心理,很可能还想进一步了解。当客户对概念的理解模糊不清时,往往意味着销售机会的到来。此时,你只需要向客户详细解释那两个大概念,并把"核心功能"和己方产品的卖点——"保鲜"进行链接。当你完成这些解释后,销售可能出现两种走势。

可能性一

客户:我自然看重核心的保鲜功能。你给我具体地讲一讲。

销售人员:……(成功铺垫理念,开始顺势切入具体产品)

在你完成上述销售动作后,客户大概率会按照你的预设选择保鲜冰箱。至此,你已成功完成了理念的铺垫,直接向客户介绍具体的产品即可。

可能性二

客户:我刚刚看到一款省电冰箱,觉得也很不错,但听你这么一说，我想再考虑考虑。

销售人员：（客户开始动摇，需再次强化理念）是的，很多客户会在"保鲜"和"省电"之间纠结一番，毕竟现在倡导节能减排！但您仔细想一下，省下的电费其实都是小钱。如果冰箱的保鲜功能不够优秀，食物的保鲜时间达不到您想要的标准，食物不就过期了吗？这样反而浪费了食物，浪费了大钱！

是省电费，还是省食物？是省大钱，还是省小钱？怎么选择，不是很明显的事情吗？！

如果客户在购买冰箱前，内心比较看重冰箱的省电功能，你就需要做更多的理念铺垫工作。

你注意到，客户已经在"保鲜"和"省电"之间产生了纠结，但依然看重冰箱的省电功能。此时，你需要进一步在理念层面做工作，不能急于进入产品层面。因为如果你直接否定客户在意的省电功能，可能会招致客户的反感。因此，你需要运用上堆的技巧，把"省电"这一概念放进"省钱"这一更大的概念中，帮助客户认清自己的深层需求。省电的目的自然是省钱，但"省钱"不仅涵盖"省电费"，还涵盖"省食物"。这两笔费用，哪个是大钱，哪个是小钱？到底该省哪个？客户自然会做出最能满足自己需求的判断。

二、二分法的实战运用

通过学习上一小节的五个步骤,相信大家已经初步掌握了二分法。二分法是理念销售法中作用强大的高级技巧,在销售实战中,它往往能起到"扭转乾坤"的效果。在本小节中,我将用更多的案例帮助大家更牢固地掌握二分法这一利器。

我依然沿用上一小节的案例:冰箱销售。假设你跳槽去了竞争对手的公司,你要销售的产品从保鲜冰箱变成了省电冰箱。那么,你该如何运用二分法来"扭转乾坤",让客户选择购买省电冰箱呢?

通过前面的学习,你已经比较熟悉创造二分法句式的五个步骤。现在,你需要再次练习运用它。未来,随着你反复练习,这一技巧甚至会成为你的销售本能。你的思考过程如下图所示。

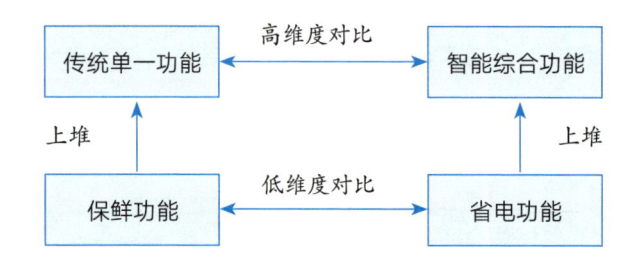

具体来说，你把"省电功能"上堆为"智能综合功能"，把"保鲜功能"上堆为"传统单一功能"，和对手的产品在高维度展开竞争。很明显，经过你的精心设计，"智能综合功能"更胜一筹，它能更好地凸显省电冰箱的优势。于是，你创造了以下开场白。

> 先生，好冰箱大概分为两种：一种是传统单一功能冰箱，另一种是智能综合功能冰箱。您看您更看重哪一种？
> ……

我讲过，理念销售法强调客户需求的多样性。在这一版本的销售逻辑中，你很好地从另一角度挖掘出省电冰箱的卖点，进而成功地用二分法造句。接下来，你只需要继续循着理念销售法的逻辑，引导客户购买省电冰箱。

二分法是一个非常灵活的工具，我们完全可以将其运用在更多的行业和场景中。下面，我再以金融行业为例，继续讲解二分法的实战运用。

假设你是一个银行的理财经理，你的工作是根据客户的不同需求为其进行资产配置。目前你手里有两大类产品：一类是固定收益类产品——银行的大额存单，另一类是浮动收益类产品——代理销售的基金。那么，你如何针对具有不同需求的客户运用二分法组织语言呢？

情景一：客户偏好固定收益类产品，但你希望客户也配置一些浮动收益类产品

在此场景中，客户的风险偏好较低，选择大额存单的概率较大。但根据理财的原理，"不能把鸡蛋放在同一个篮子里"，因此你的工作是帮助客户拓展思维，看到更多的可能性。你决定运用二分法来拓展客户需求，并让客户自动鉴别需求。

首先，你运用上堆的技巧进行概念拓展：把"大额存单"上堆为"固定收益"，把"基金"上堆为"浮动收益"。但是，仔细对比"浮动收益"和"固定收益"这两个大概念后，你发现基金的特点和优势并没有被很好地凸显出来。在实际的选择过程中，客户大概率仍会倾向于"固定收益"，选择大额存单。

根据创造二分法句式的第四个步骤，你选择的大概念必须能够很好地凸显己方产品的优势，这也是熟练运用二分法的关键所在。而要做到这一点，你就需要在日常工作中不断提升自己对于词语的敏感度。

经过仔细思考后，你决定用另外两个概念来替换"固定收益"和"浮动收益"，即"存死钱"和"存活钱"。很明显，这两个概念更接地气，客户理解起来更容易。更重要的是，这两个概念可以突出基金的优势以及大额存单的劣势。因为在"存死钱"和"存活钱"之间,客户大概率会选择"存活钱",也就是基金。至此,你运用二分法找到一个全新的切入点。经过语言组织,你的销售开场白如下。

> 先生,理财方式有两种:一种是存死钱,另一种是存活钱。没有完美的理财产品,但有完美的理财组合。存死钱类似于您常选的大额存单,您持有的这类产品的比例已经很高了。您现在可以考虑配置一些存活钱的产品,比如基金就是其中之一。

在这段开场白中,你巧妙地运用二分法对大额存单和基金进行了比较,并重点突出后者的优势和前者的劣势。这样你就能更好地引导客户思考,让其明白自己以往投资理财中的不足之处,最终你也能为自己的销售争取更大的机会。

情景二:客户偏好浮动收益类产品,但你希望客户也配置一些固定收益类产品

假设你的另一位客户的情况和情景一中客户的情况完全相反:偏好浮动收益类产品。你希望客户配置一些固定类收益产品。经过思考后,你运用二分法进行如下开场。

> 先生，所谓理财，大致分两种：有风险的和没风险的。基金属于有风险的投资，大额存单属于没风险的投资。目前您的风险投资占比较大，也应考虑配置一些没风险的产品，兼顾资产配置的安全性。

这段话是标准的二分法句式，但它依然犯了情景一中的一个错误——"有风险"与"没风险"这两个概念并没有突出你希望销售的产品的优势。如果客户对风险接纳的程度较高，这样的切入点就不能很好地打动客户。于是，你决定把自己的开场白换成下面这段话。

> 先生，理财产品大致可以分成两类：一类负责保证有钱，另一类负责钱上加钱。两类产品各司其职，缺一不可。目前您配置的基金占比较大，它属于钱上加钱的产品。大额存单呢，则属于保证有钱的产品，您可以考虑配置一些。大额存单负责保证有钱，基金负责钱上加钱，这样，无论未来有没有风险，您都有钱！

从"保证有钱"和"钱上加钱"的全新角度来重新定义大额存单和基金，无疑更能凸显配置大额存单的必要性，同时也没有刻意凸显基金的劣势。与前一种沟通方式相比，无论从沟通效果来看,还是从客户感受来看,这种沟通方式都明显更为优秀。

根据上面的案例,我们可以发现,要创造一个完美的二分法句式,就必须精准地拿捏概念的"力度"。那么,我们判断概念"力度"的标准应该是什么呢?这就需要用到本书第3章讲过的一个概念——"婴儿区域"。

正如前文所讲,在极为专业或者客户司空见惯但很少思考的领域,客户是缺乏统一标准和定义的。这正是我们销售员可发挥的空间。在销售的沟通中,我们选择的概念越接近客户的"婴儿区域",就越能激发客户的好奇心,并击中客户的思维盲点。

我们不妨来对比一下前面那两个案例。

在情景一中,我们本质上是把固定收益类产品和浮动收益类产品进行对比。但大部分客户非常熟悉"固定收益"和"浮动收益"这两个概念,而对于熟悉的概念,客户往往会觉得那是老生常谈,缺乏新意。所以,这两个概念很难激发客户进一步了解和思考的欲望。当我们将这两个概念替换为"存死钱"和"存活钱"后,客户的兴趣就立刻提高了。毕竟在日常的交流中,客户很少会听到这样的概念。我们的思考逻辑如下图所示。

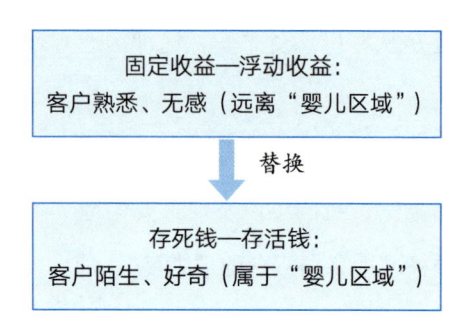

```
┌─────────────────────────────────┐
│ 固定收益—浮动收益:              │
│ 客户熟悉、无感(远离"婴儿区域") │
└─────────────────────────────────┘
              ↓ 替换
┌─────────────────────────────────┐
│ 存死钱—存活钱:                  │
│ 客户陌生、好奇(属于"婴儿区域") │
└─────────────────────────────────┘
```

同样地,在情景二中,我们也运用了这样的技巧。具体思考逻辑如下图所示。

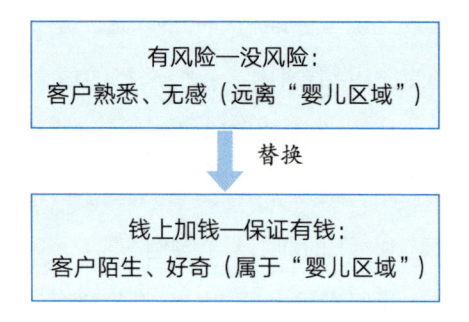

```
┌─────────────────────────────────┐
│ 有风险—没风险:                  │
│ 客户熟悉、无感(远离"婴儿区域") │
└─────────────────────────────────┘
              ↓ 替换
┌─────────────────────────────────┐
│ 钱上加钱—保证有钱:              │
│ 客户陌生、好奇(属于"婴儿区域") │
└─────────────────────────────────┘
```

至此,我们就学完了二分法。你可能已经发现,二分法这一技巧简约但不简单。在看似简单的句式结构下,它包含了大量的细节和要点。如果你觉得在实战中运用二分法有难度,就需要在日常工作中多加练习。在正式的销售沟通前,你可以尝试把自己的沟通逻辑写下来,并从不同的角度去揣摩如何遣词造句。我相信,经过练习,你一定能够掌握这一技巧,甚至将其变成你的一种本能。

三、本章练习题

下面,我准备了一些练习题,希望可以帮助大家更好地巩固二分法的学习。

练习题(一)

孩子说:"我不喜欢体育运动,太辛苦了。"假设你是孩子的父母,应该如何运用二分法句式去说服他呢?

答案:

在这个世界上,做事大概分为两种:一种是因为喜欢才去做,另一种是因为需要才去做。前者就像我们玩游戏,后者就像我们去医院看病。所以,我们喜不喜欢体育运动和我们需不需要做体育运动,二者是没有关系的。

而且,你也不是不喜欢体育运动,只是现在还不够擅长和熟悉。当你多尝试几次,慢慢找到其中的规律,并体会到其中的好处后,你就会发现,体育运动和你玩游戏一样刺激、有成就感。再有,判断做一件事情辛不辛苦,不是看做时累不累,而是看做完收获大不大。你多去打打球,肯定能收获好身体、好心情和好朋友。下午我陪你去，好不好？

点评：

这段话运用二分法句式把"做事"拆分为两种情况："因为喜欢才去做"和"因为需要才去做"。在二分法技巧的引导下，孩子会进一步思考自己到底需要什么，毕竟"需要"是一个高度虚泛的词语。经过思考后，孩子可能会想："我需要酷炫的球技，这样会让其他的小伙伴夸奖我。"此时，二分法就成功地引导孩子自动鉴别自己的内在需求，并将其与体育运动链接。

练习题（二）

若想理念销售法的技巧产生强大的说服效果，就需要我们综合运用。在练习题（一）的答案中，我们不仅用到了二分法，也用到了第3章讲的定义法。其中，我们重新定义了哪些词语？分别用到了定义法的哪些句式？

答案：

　　首先，我们重新定义了"喜欢"。在"你也不是不喜欢体育运动，只是现在还不够擅长和熟悉"这个句子中，我们把"喜欢"重新定义为"擅长和熟悉"。这个新定义显然更为动态，能给事物变化带来更多的可能性。毕竟随着练习次数的增加，孩子必然会慢慢擅长和熟悉，进而从"不喜欢"变为"喜欢"。

其次，我们重新定义了"辛苦"。在"判断做一件事情辛不辛苦，不是看做时累不累，而是看做完收获大不大"这个句子中，我们把"辛苦"重新定义为"收获大"，从而进一步向孩子解释，体育运动确实辛苦，但它能带给人很多的收获。

在重新定义这两个词语时，我们用的都是定义法的第二种句式："不是……，而是……"

点评：

在练习（一）的答案中，我们用到了理念销售法的三个技巧，分别是二分法、定义法，以及定义法的常见句式。只有把理念销售法的技巧进行综合运用，它们才能起到效果倍增的作用。

练习题（三）

年轻员工说："现在的工作太累，我喜欢轻松一点的工作。"假设你是这个员工的领导，应该如何运用二分法的技巧去说服他呢？

答案：

　　刚刚参加工作时，我也有这样的想法。后来，一位老前辈对我说："我们干工作，其实有两条路：一条是上坡路，另一条是下坡路。这两条路，我们都可以选择。上坡路虽辛苦，但我们步步有进步；下坡路虽轻松，但我们难免对登顶的人心生羡慕。"你现在还这么年轻，有机会就多爬爬上坡路。等哪一天你已到过峰顶了，再慢慢下来体验另一番风景。

点评：

在"上坡路"和"下坡路"之间，年轻人选择"上坡路"的概率更大。此外，答案中并没有过分否定"下坡路"，只是将其重新定义为"另一番风景"，这样也更容易让人接受。

练习题（四）

客户说："我不喜欢年金保险，因为它的周期实在太长了。"假设你是理财经理，应该如何运用二分法的技巧去说服客户呢？

答案：

　　其实，理财产品可以分为两种：一种负责现在有钱，另一种负责未来有钱。短期理财产品属于第一种，您配置此类产品的比例已经很高了，它们可以帮您解决"现在有钱"的问题。未来是不确定的，因此您需要配置一部分保证未来确定性的产品，以解决"未来有钱"的问题。年金保险能保证您未来有一笔确定的现金流，非常合适。您可以同时配置年金保险和短期理财产品，这样，您就能现在和未来都有钱！

点评：

我们将"年金保险"上堆为"未来有钱"，将"短期理财产品"上堆为"现在有钱"。这样就能把销售从低维度提升到高维度，进而凸显年金保险对客户的重要作用。需要提醒的是，在运用二分法时，我们可以凸显竞争产品的劣势，但并非必须如此。在销售实战中，很多时候，我们也需要将产品进行组合。

CHAPTER 5

段落
——让客户发现深层需求

一、什么是逻辑三角

从本章开始,我们将正式进入段落的学习。

在前面的章节中,我已经向你介绍过"先导—推导—结论"的技巧。运用这一技巧,你能够有效地组成有说服力的段落。当然,你也可以把诸如定义法、二分法等技巧进行综合运用,打出一套"组合拳",组成有说服力的段落。

在本章中,我将重点介绍理念销售法中的一个段落技巧——逻辑三角。为了更好地学习该技巧,我们来回顾一下第3章中的一道练习题。

> 女人都想找一个好男人。关于一个男人是不是好男人,其实有太多的标准。但是,有一个标准是大部分人都接受的,那就是好男人是有责任心、身体健康、有能力的人。
>
> 判断一个男人是否符合这个标准,其实有一个很有用的指标,今天分享给大家。这个指标就是一个男人"是否热爱健身"。一个热爱健身的男人,大概率符合好男人的标准。
>
> 如果一个男人热爱健身,至少说明他对自己的生活是热爱的,也是负责任的。毕竟,一个对自己身体都不负责

任的男人，也很难在其他领域拥有责任心。而且，一个男人热爱健身，一般就会拥有健康的身体。如果他还系统性地参加训练课程，并搭配科学合理的饮食，则可以判定，他还有一定的经济实力。毕竟，支撑系统性的训练课程和营养都需要不少的花费。

所以，从这个角度来说，热爱健身的男人是好男人。

运用"先导—推导—结论"这一技巧对其进行梳理后，我们得出如下内在逻辑：

先导：好男人是有责任心、身体健康、有能力的人。

推导：热爱健身的男人也是有责任心、身体健康、有能力的人。

结论：热爱健身的男人是好男人。

下面，我们换一个方法来研究这三句话。首先，我们把"好男人"命名为 A；其次，我们把"有责任心、身体健康、有能力的人"命名为 B；最后，我们把"热爱健身的男人"命名为 C。那么，这三者在逻辑上就具备如下图所示的关系。

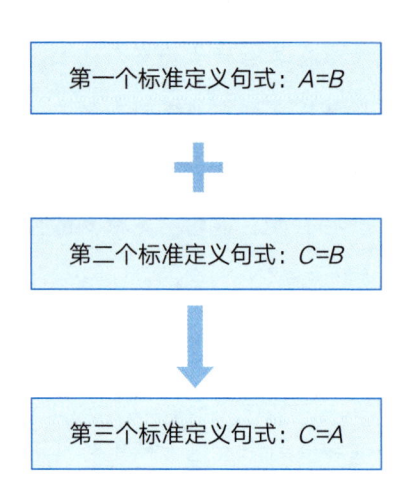

```
┌─────────────────────────────────┐
│ 第一个标准定义句式：A=B          │
└─────────────────────────────────┘
                +
┌─────────────────────────────────┐
│ 第二个标准定义句式：C=B          │
└─────────────────────────────────┘
                ↓
┌─────────────────────────────────┐
│ 第三个标准定义句式：C=A          │
└─────────────────────────────────┘
```

将以上的逻辑关系具体代入案例中，就应该是：

先导（$A=B$）：好男人（A）是有责任心、身体健康、有能力的人（B）。

推导（$C=B$）：热爱健身的男人（C）也是有责任心、身体健康、有能力的人（B）。

结论（$C=A$）：热爱健身的男人（C）是好男人（A）。

很明显，通过 A、B、C 之间关联等式来重新解析案例，我们的逻辑会变得更清晰，也更容易看出那段话的内在脉络。但我们不能止步于此，因为逻辑三角并非 A、B、C 之间简单的关联。要深刻理解逻辑三角，其关键点在于运用上堆这一技巧。

"有责任心、身体健康、有能力的人"是一个大概念。此概念明显大于"好男人",毕竟它也包含"好女人""好少年"等。于是,我们就可以把"好男人"上堆为"有责任心、身体健康、有能力的人"。

```
┌──────────────────────────────────┐
│  有责任心、身体健康、有能力的人  │
└──────────────────────────────────┘
                 ↑
                上堆
           ┌──────────┐
           │  好男人  │
           └──────────┘
```

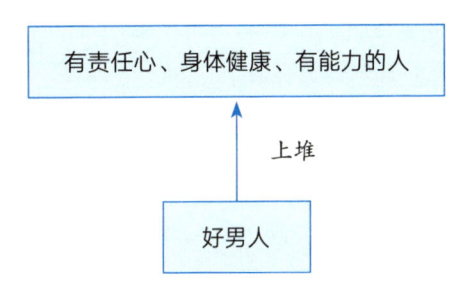

同理,我们也可以把"热爱健身的男人"上堆为"有责任心、身体健康、有能力的人"。

```
┌──────────────────────────────────┐
│  有责任心、身体健康、有能力的人  │
└──────────────────────────────────┘
                 ↑
                上堆
         ┌────────────────┐
         │ 热爱健身的男人 │
         └────────────────┘
```

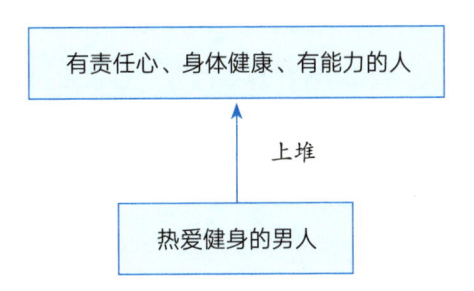

完成"好男人""热爱健身的男人"这两个小概念的上堆后,我们就可以得到如下图所示的逻辑关系。

```
        ┌──────────────────┐
        │ 有责任心、身体健康、│
        │  有能力的人（B）  │
        └──────────────────┘
              ↗       ↖
   ┌──────────┐   ┌──────────┐
   │ 好男人（A）│───│ 热爱健身的│
   │          │   │  男人（C）│
   └──────────┘   └──────────┘
```

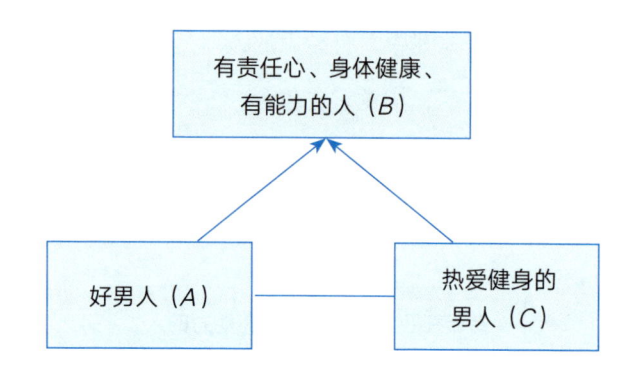

在这个三角关系中，我们会发现，通过将"好男人"和"热爱健身的男人"上堆为同一个大概念，二者取得了一致。这便是逻辑三角技巧的基本原理。

从客户需求的角度出发来分析，逻辑三角不同于简单的"找二者的共同点"。逻辑三角要想发挥作用，关键在于我们对客户深层需求的分析和把握。一旦我们能精准分析并把握客户的深层需求，或者找到客户购买行为背后隐藏的购买动机，就很容易通过语言逻辑改变客户的购买行为。毕竟客户的购买动机往往只有一个。在这一过程中，熟练地运用上堆技巧尤为关键。

具体到上文的案例，客户表面上想要的是"好男人"，其实内心深处想要的是"责任心和安全感"。通过逻辑三角和上堆技巧，我们可以将客户的深层需求转移到"热爱健身的男人"上面。

二、逻辑三角的应用场景

■ 逻辑三角在亲子教育中的应用

大家已经知道,运用逻辑三角技巧的关键在于对客户深层需求的挖掘。因此,我们可以尝试用"其实你真正想要的是……"句式来组织自己的语言,帮助客户去思考并发现其深层需求。我相信,当你能够熟练运用这个句式后,你的沟通会更容易打动人心。

下面,我以自己教育儿子时的一个经历为例,来说明逻辑三角的应用。

> 我的儿子在小学期间,曾一度觉得学习压力太大并开始厌恶学习。有一天,儿子对我说:"爸爸,我不想学习了。"我便问他:"你为什么不想学习了呢?"儿子回答:"我觉得学习一点也不快乐!"
>
> 我便问儿子:"儿子,你知道为什么你的名字里面带一个'乐'字吗?"儿子表示不知道。
>
> 于是,我继续说:"因为爸爸希望你能够快快乐乐地长大。你现在觉得逃避学习会略微感到快乐,但你肯定也发

现了,这种快乐只是短暂的、一时的。其实你真正想要的是一直能够保持快乐,对吧?"儿子表示认同。

我接着说:"逃避只能带给我们一时的快乐。只有变得强大,我们才能获得长久的快乐。而要想变得强大,我们就要不断地寻找正确的学习方法。我觉得,不是学习让你感觉困难,而是你暂时还没有找到正确的学习方法。这样,爸爸陪你一起来看看,我们应该如何攻克这些困难。"

听完我的话,儿子表示认可,并且愿意在我的陪伴下开始学习了。

在这段对话中,我运用了非常简单的挖掘客户深层需求的技巧。儿子已经明确表示,他想要的是快乐。但"快乐"是一个十分宏观和虚泛的概念,我需要帮助儿子发现其内心深处的需求。于是,我告诉儿子,他真正想要的不是"因逃避而带来的短暂的快乐",而是"因变得强大而带来的长久的快乐"。在我的正面引导下,儿子的行为更容易发生改变。在整个对话中,"其实你真正想要的是……"这个句式,起到了"扭转乾坤"的效果。

经过仔细分析,大家不难发现,这段对话中的逻辑关系依然符合逻辑三角的结构,只不过更为复杂。该逻辑关系本质是从大概念"快乐"出发,反向拆解出一个逻辑三角结构。具体如下图所示。

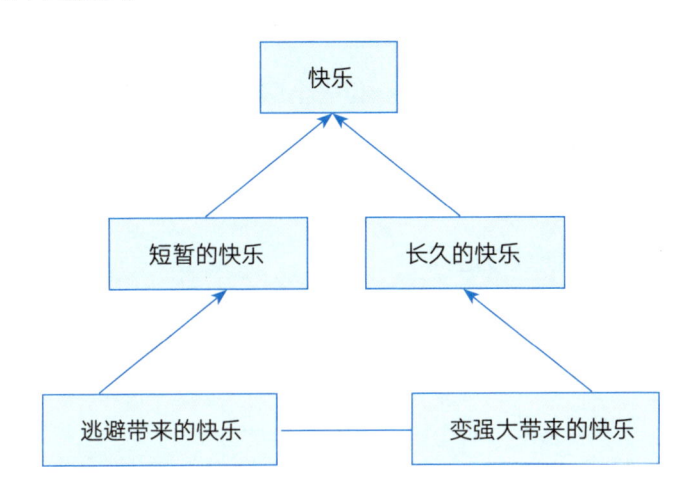

```
                    快乐
                     ▲
              ┌──────┴──────┐
         短暂的快乐         长久的快乐
            ▲                  ▲
            │                  │
      逃避带来的快乐      变强大带来的快乐
```

■ 逻辑三角在销售实战中的应用

在销售实战，尤其是金融销售实战中，销售人员经常会面临客户对产品进行比较的情况。比如，我们希望将保险产品推荐给客户，但客户只对理财产品、房产或者股票感兴趣。此时，我们应该如何运用逻辑三角的技巧，挖掘客户的深层需求，从而改变客户的购买决策呢？

下面，我们以"客户只喜欢理财产品，但我们希望客户也能接受保险产品"为例，进行分析。

首先，我们发现，理财产品和保险产品并没有太大的联系：理财产品属于投资型产品，保险产品属于保障型产品。但我们要记住：在低维度没有联系的事物，可以在高维度产生关联。一旦我们将理财产品和保险产品上堆到高维度，就会发现，它们在本质上都能为客户提供一份安全感。而这份安全感，就是客户的深层需求。

当我们成功挖掘出客户的深层需求后，就可以运用以下三个标准句式来组成段落：

（1）我身边很多客户喜欢……

（2）其实我们/您真正想要的是……

（3）既然如此，您不妨多了解一下……

经过语言组织，我们可以得到下面这段话。

> 我身边很多客户喜欢理财产品。其实我们做投资真正想要追求的是一份安全感。投资的本质不就是让现在的钱穿越时间，使我们在未来也能用，从而给予我们一份安全感吗？既然如此，您不妨多了解一下保险产品，它也能给予我们一份安全感。这也是很多客户在投资时选择搭配保险产品的原因。

这段话是一个典型的逻辑三角话术。我们运用上堆的技巧，通过高维度的"安全感"使两个在低维度没有关联的产品——理财产品和保险产品产生了关联。这段话的逻辑结构如下图所示。

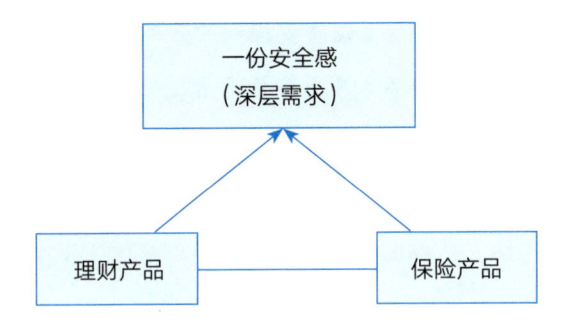

```
        ┌──────────────┐
        │  一份安全感   │
        │  (深层需求)   │
        └──────────────┘
           ↗        ↖
┌──────────┐      ┌──────────┐
│ 理财产品 │      │ 保险产品 │
└──────────┘      └──────────┘
```

我们知道，逻辑三角技巧能否产生效果，关键在于我们对客户深层需求的判断和挖掘是否符合实际情况。有些客户确实看重"安全感"这个深层需求，此时，上面那段话就能起到"走心"的效果。但有些客户的深层需求并非"安全感"，毕竟客户的深层需求往往是多样的。因此，我们需要多做"投石问路"的工作，尝试从不同的角度来组织自己的语言逻辑。比如，我们可以换以下角度来切入。

> 我身边很多客户喜欢理财产品。其实我们做投资真正想要追求的是收益，您说对吧？但站在专业的角度来看，我们追求的应当是"净收益"，而不是"毛收益"。什么是"净收益"呢？就是整体收入减去整体支出，最后剩下的钱。用通俗的话来说，就是我们挣的钱减去我们花的钱，最后留下来的钱。因此，我们最终想要追求的是自己

的"净收益"最大化。

理财产品本质上是负责挣钱的产品,主要帮助我们提升收入。保险产品本质上是负责省钱的产品,主要帮助我们减少开支。为什么这样说呢?拿重疾险来说,当我们罹患重大疾病时,就会有一笔不小的开支。但如果我们购买了重疾险,保险公司就会按合同进行赔偿,这样我们自己就会少花很多钱。所以说,保险产品是负责省钱的产品。

既然如此,您不妨多了解一下保险产品。理财产品负责挣钱,保险产品负责省钱。同时配置这两种产品,您的"净收益"才能实现最大化。

以上段落更为复杂,是逻辑三角技巧更高级的运用。其逻辑结构如下图所示。

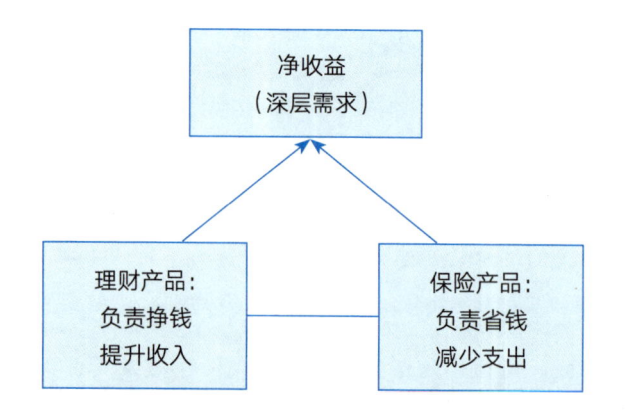

```
            净收益
          (深层需求)
              ↑
         ↗         ↖
  理财产品:        保险产品:
  负责挣钱          负责省钱
  提升收入          减少支出
```

在大多数情况下，我们无法判断出客户的深层需求是否为"安全感"。于是，我们换个角度从"收益"切入，毕竟这是一个十有八九能打动客户的深层需求。同时，为了让"理财产品"和"保险产品"能够形成有机的链接，我们将二者上堆到"净收益"这一大概念中。之后，在"净收益"这一大概念下，我们将"理财产品"重新定义为"负责挣钱，提升收入"的产品，将"保险产品"重新定义为"负责省钱，减少开支"的产品。也就是说，在以上段落中，我们不仅运用了逻辑三角技巧，还组合运用了定义法的技巧。这样，我们就能更有效地引导客户的购买行为。

逻辑三角在公众演讲中的应用

在上文的案例中，我为大家演示了如何运用逻辑三角技巧挖掘客户的深层需求，并将两种看似截然不同的产品进行关联。其实，逻辑三角不仅可以用于亲子教育和销售实战，也可以应用在其他许多领域，比如演讲、谈判、沟通等。

下面是我为某商业银行做的一个专题演讲稿，大家可以阅读并思考我是如何运用逻辑三角这一技巧的。

这个演讲的背景是，根据监管部门的要求，以 3.5% 为定价利率的保险产品即将面临调整。各家保险公司新开发的产品，定价利率将由 3.5% 降到 3.0%。面对保险产品定价利率的调整，作为代理方的银行，难免会觉得产品收益又降低了。那么，保险产品的销售难度会不会变得更大了？我们如何从中发现全新的机遇？

涨幅取决于时代，上涨才是价值

（节选）

保险产品定价利率即将下调的消息，大家都知道了。近期很多朋友来和我交流，问得最多的问题是：为什么会这样？我们应该如何看待和应对？

今天，我简单谈谈自己对这个行业热点的看法。

第一个问题：为什么会这样？简单来讲，是因为保险公司的投资端和负债端出现了错配。众所周知，对保险公司来说，保险产品是负债。这正如银行的存款一样。如果保险产品的定价利率是 3.5%，就意味着保险公司的负债也是 3.5%。现在市场上流行的增额终身寿险，对客户来说，其上涨价值是确定的，而且终身上涨。反过来讲，对保险公司来说，这种产品的负债也是确定的，也会终身上涨。面对这种情况，保险公司的投资端只有每年保持 3.5% 以上的收益率，才能弥补这部分负债并实现盈利。但很明显，随着中国经济的转型，国家在主动降低 GDP 增速和杠杆，所以保险公司能否维持每年3.5%以上的投资收益率，是无法确定的。因此，这并不是一个问题，而是一个趋势，是国家经济转型的大势所趋。对于趋势，我们要理解和接纳。

既然如此，第二个问题就更重要了：我们应该如何看待和应对这个趋势？要解答这一问题，我们首先就要弄明白另一个问题：客户购买保险，究竟买的是涨幅还是上涨？

很多客户在购买保险时，听过一句广告语："终身3.5%复利。"其中，"3.5%"是涨幅，而"终身复利"是确定的上涨。那么，在这句话中，重点究竟是"3.5%"还是"终身复利"？我的观点是：保险真正的价值不在于所谓的收益，而在于确定性。大部分客户购买保险的真正理由是有终身确定的收益增长。显然，这个理由更侧重的是保险的"确定上涨"属性。这份确定性可以带给客户长期的安全感，而用保险的确定性去迎接未来生活的种种不确定性，也正是保险的真谛。至于涨幅是3.5%还是3.0%，并非保险能控制的事情，而取决于时代的趋势。总之，面对国家整体的不同经济增速，保险能带给客户的是时代允许的收益的较高增速，以及被牢牢锁定的"确定上涨"。

所以，我个人认为：既然保险的主要卖点是确定性，那么定价利率越是下调，我们越要购买。因为定价利率下调恰恰代表着系统未来的风险在增大，而在一个风险不断

> 增大的系统中,确定性会显得更加宝贵。因此,不管定价利率是 3.5% 还是 3.0%,都不影响保险的核心价值——"确定上涨"。毕竟涨幅取决于时代,上涨才是价值。

在这段演讲中,我运用了大量的技巧,其中逻辑三角的运用尤其重要。

首先,我对保险的常见卖点"终身 3.5% 复利"做了拆解,将其拆解为两个卖点:一是"涨幅",二是"确定上涨"。

其次,我说出我的观点:客户购买保险的真正理由是确定性,而不是所谓的收益。或者说,"涨幅"只是客户的表面需求,而"确定上涨"才是客户的深层需求。

最后,我给出结论:不管定价利率是 3.5% 还是 3.0%,客户的深层需求是一致的,都是为了"确定上涨"。因此,定价利率越是下调,越代表系统的不确定性在增加,我们越要看重保险的确定性。

上文演讲的逻辑关系如下图所示。

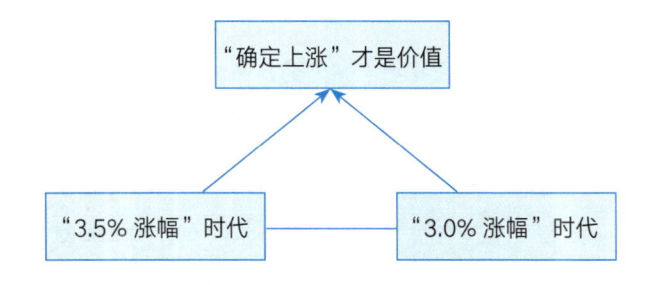

总之，在日常生活和工作中，逻辑三角技巧不仅能够帮助我们更好地组织语言，形成具有说服力的段落，也能像一把手术刀一样，帮助我们精准剖析复杂语言的内在逻辑，进而使用相应的语言模式。

三、连环下切

■ 连环下切的基本定义

逻辑三角和连环下切是一对紧密相关的技巧。逻辑三角是一种有效运用上堆技巧，进而挖掘客户深层需求的技巧。连环下切则反其道而行之。该技巧的基本原理是：从一个人们普遍认可的公理出发，不断下切客户需求，进而引导客户的购买行为。

让我们来看下面这段文字。

> 我们的祖国现在越来越强大了。从全球范围来看，一个强大的国家必然伴随着大量强大、有实力的公司的涌现。而最能铸就公司内在基因的，则是我们近年来所倡导的"匠人精神"。这种对自己的产品精益求精的理念，能让公

司基业长青，永葆活力。这一理念也符合国家的"供给侧结构性改革"的精神。在这一理念的引导下，我司以匠人的精神精心打磨了××产品，一经推出就很热销。它的具体功能包括……

这段文字运用的就是连环下切技巧。其基本逻辑如下图所示。

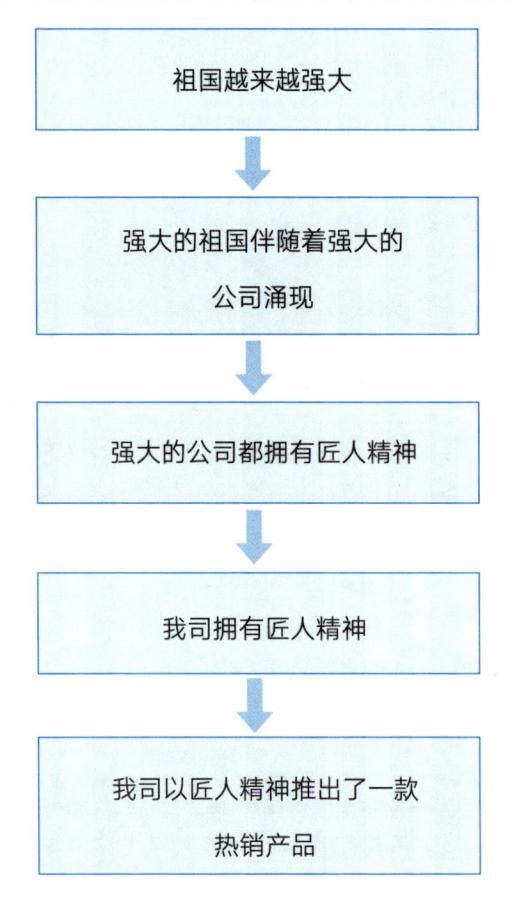

祖国越来越强大
↓
强大的祖国伴随着强大的公司涌现
↓
强大的公司都拥有匠人精神
↓
我司拥有匠人精神
↓
我司以匠人精神推出了一款热销产品

通过以上梳理，我们可以清晰地发现，"祖国越来越强大"是这段话的逻辑原点，也是人们发自内心接受的普遍公理。我们从这个公理开始，逐步下切到"公司""匠人精神"，一直到"产品"，从而成功地引出我们的主打产品。

如果说逻辑三角是通过上堆技巧帮助客户发现不可抗拒的深层需求，那么连环下切则是直接从一个不可抗拒的深层需求出发，进行环环相扣的细化处理，直至推导出产品。所以，连环下切能够帮我们创造一个让客户无法抗拒的"噱头"，且几乎是万能的。此外，这一技巧也能够帮我们更轻松地组织语言。

为了更好地理解连环下切，我们来看下面三个示例。

示例一

A. 人人都要爱国。

B. 身体健康，不给国家添麻烦，就是爱国。

C. 在新冠疫情期间，戴好口罩就是为了身体健康，不给国家添麻烦。

D. 所以，请戴上口罩，用一个小小的实际行动来爱国。

示例二

A. 我们对人要真诚。

B. 最大的真诚就是实事求是。

C. 实事求是就是正视人无完人。

D. 既然人无完人，我们更要适当地修饰自己，展现更美好的一面。

E. 化妆是对自己适当的修饰。

F. 化妆的女人是真诚的女人。

示例三

A. 人性都有弱点。

B. 人性的弱点就是贪婪且短视。

C. 贪婪且短视的人都不愿意为未来做长期规划。

D. 保险能帮助我们为未来做好长期规划。

E. 购买保险就是主动克服人性的弱点。

F. 敢于克服人性弱点的人都是负责任的人。

G. 购买保险的人是负责任的人。

以上三个示例都从一个易于让人接受的普适性话题开场，进而利用定义之间的相互关联来逐步推导，最后抛出结论。

运用连环下切解析商业软文

为了更透彻地掌握连环下切,我们不妨运用这一技巧来解析下面这篇商业软文。这篇软文出自我早年做过的一次商业路演。大家不难发现,其内在逻辑运用的正是连环下切的技巧。

保险是一把锁

——保险在商业银行客户锁定中的作用

目前,商业银行都非常重视客户的黏性和客户锁定。我们来看看,在银行网点的营销实战中,怎样才能更好地锁定客户。

关于客户忠诚度,我们都有一个常识,那就是客户对我们的服务有多么满意,客户就有多么忠诚。但我们往往会忽略一个问题,那就是我们和客户签订了多长时间的服务合同。其实,我们和客户签订的服务合同的期限,就是指我们的产品期限。我们的产品是一年期的,就意味着我们和客户签订了一年的合同;我们的产品是十年期的,就意味着我们和客户签订了十年的合同。在营销实战中,我们靠什么和客户产生联系呢?那就是我们的产品。因此,产品期限越长,我们和客户签订的服务合同的期限就越长,我们对客户锁定的时间也就越长。

接下来,我们就逐一分析一下,在银行代理销售的四大类主流产品中,它们的客户锁定功能怎么样。

第一类:存款类产品。

存款类产品是银行最常见的产品,几乎没有什么销售难度,但是它的客户锁定功能十分有限。存款能锁定客户多长时间呢?一年到三年。未来,随着利率市场化的进一步落地,一旦其他银行的存款利率高于我行,我们的储户就会大规模地转移。这样的话,客户锁定的时间可能还不到一年。所以,存款类产品的客户锁定功能很有限。

第二类:理财类产品。

理财类产品很有意思,是大家非常喜欢销售的一类产品。这类产品的销售难度很低,但它锁定客户的期限很短,也就三个月到一年。而且,我们发现,喜欢购买理财类产品的客户,往往追求收益最大化,但理财类产品往往又存在"断档期",进而会造成资金闲置。这样,当客户的资金在我们银行没有更好的去处,或者其他银行推出更好的理财产品的时候,客户就会转移、流失。我称这一类客户为"跳蚤式客户",因为他们总是在不同银行之间比来比去,跳来跳去。所以,理财类产品的客户锁定功能也一般。

第三类：风险类产品。

风险类产品就是我们常常接触到的股票、基金等产品。这类产品的特点是：当产品赚钱的时候，客户是我们的忠诚客户；当产品亏钱的时候，客户是我们的潜在"沉睡客户"。所以，风险类产品的客户锁定功能波动性大。

第四类：保险产品。

保险产品的特点是：在营销难度上，它是银行代理销售的产品中难度最大的，但在客户锁定功能上，它是最强的。尤其是一些产品形态较为复杂的终身型保险，客户一旦接受，几乎就会被终身锁定。

从前面的分析中，我们可以看出，保险在客户锁定功能上，具有独特而长久的特点，我称之为"保险是一把锁"。之所以这样说，有以下三个理由。

第一，客户购买心理分析。

从客户的购买心理层面来进行分析，我们会发现一个规律：客户购买越快，客户流失就越快；客户购买越慢，客户流失就越慢。这就是我们常说的"来得快，去得也快"。

举个例子。我们去菜市场买一把青菜，或者买一个土豆时，做出购买决策的时间是非常短的。正因如此，我们不会对某一个菜贩特别忠诚。但是，当我们要买一套房子时，做出购买决策的时间就很长。假设今天我去看房子，早上，售楼顾问把房子的地理位置、周边配套设施、小区概况、户型等内容都给我讲解得非常清楚。到了晚上，他给我打来电话，说："陈先生，考虑下单吧。"在这种情况下，我敢不敢买呢？肯定不敢。因为普通老百姓要买一套房子的话，至少要考虑三个月，有的人甚至要考虑半年。但是就房子这种商品来说，一旦客户决定购买，我们至少可以锁定客户20～30年的居住时间。如果是大品牌开发商的房子，很多客户可能还会继续购买第二套，甚至第三套。

从这个对比中，我们可以发现，其实保险产品和房子这种商品的相似程度是很高的。也就是说，在销售保险产品的过程中，我们需要耗费比销售其他产品更多的时间，也需要更高的销售技能。但是客户一旦接受了保险产品，保险产品对客户的锁定功能是非常强的。

第二，中国人均保单分析。

之所以说保险产品具有很强的客户锁定功能，还因为它的重复购买率较低，这使得保险产品具有唯一性。

目前，中国人均保单不到一张，许多客户很可能一生就只有一张保单。既然如此，这唯一的一张保单出在哪里，就非常关键。如果客户的这张保单今天在我们银行出了，那么其他银行再想向其推销保险，难度就会非常大。反过来也同样如此。所以，保险产品的这种独特的锁定功能，促使我们必须迅速占领市场。

第三，保险产品期限长。

这一点我刚才讲过。保险产品期限长，自然能够对客户进行长期锁定。

综上，保险产品就是一把锁，能够帮助我们银行网点长期锁定客户。在市场转型不断深化、市场竞争不断加剧的今天，在商业银行"客户抢夺"和"客户锁定"方面，保险产品在一定程度上扮演着重要的角色。这也是我们更加重视代理销售保险的一个重要原因。

很明显，上文是一篇说服力十足的营销软文，其目的是更好地说服商业银行大力推进代理销售保险的业务。那么，上文是如何从"增加客户黏性"出发，最终有理有据地落到"大力推进代理销售保险的业务"的呢？运用连环下切进行拆解后，其逻辑如下图所示。

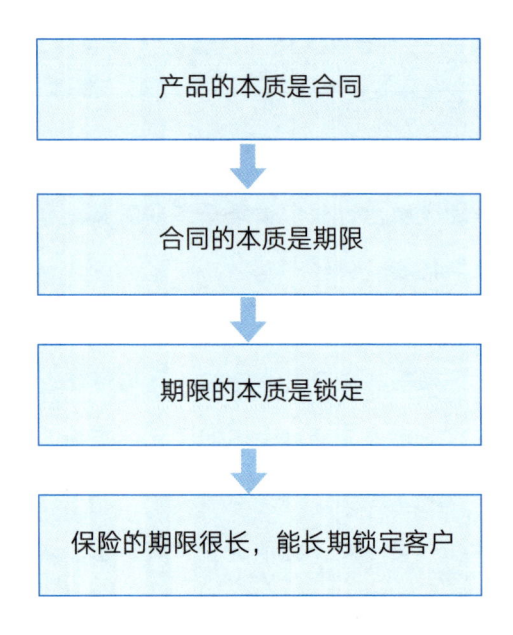

```
产品的本质是合同
    ↓
合同的本质是期限
    ↓
期限的本质是锁定
    ↓
保险的期限很长,能长期锁定客户
```

在实际的生活和工作中,我们可以采用这样的策略:先运用连环下切写出沟通大纲,再慢慢添加具体的内容,进而完善自己的语言表达。当我们熟练地掌握这种思维方式之后,就能够更快、更清晰地创造出一段具有说服力的话。

总之,逻辑三角和连环下切技巧能够很好地帮助我们把单独的句子串联起来,进而组成段落。甚至,我们仅靠这两个技巧就可以构成篇章。此外,在理念销售法中,本章中的这两个技巧也是观点导入的最后两个高级技巧。从下一章开始,我们将要进入观点拆解的学习。毕竟我们在给客户导入一个新观点的同时,也要松动客户头脑中顽固的旧观点,这样我们才能实现销售的目的。

四、本章练习题

下面我为大家准备了练习题,以便帮助大家巩固本章所学内容。

练习题(一)

假设你的客户喜欢房产,但你想推荐一份年金保险给他。此时,你应该如何运用逻辑三角技巧来组织语言呢?

答案:

我身边的很多客户喜欢投资房产。其实,在"房住不炒"的大前提下,投资房产也是不错的实现资产保值增值的选择。我们可能没有注意到,很多人之所以喜欢投资房产,本质是因为房产不仅能够保值增值,还能够提供稳定的现金流。此外,很多人之所以投资房产,也是为了老了以后能够收取稳定的租金,以此保障自己的老年生活。既然如此,您不妨多了解一下年金保险。年金保险不仅拥有保值增值功能,也能提供稳定的、递增的、源源不断的现金流。而且,年金保险还能免去您持有房产的各种成本和烦恼,也是养老的一种好方式!

点评:

只要我们能够有效地运用上堆技巧,找准客户的深层需求,就可以有效地组织语言。本答案的逻辑结构如下图所示。

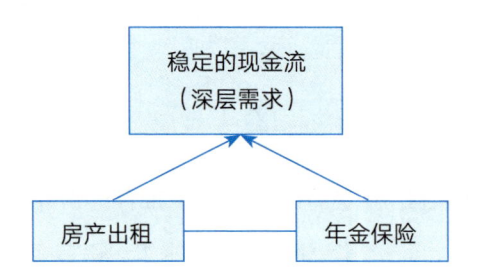

```
         稳定的现金流
         (深层需求)
              ↑
        ┌─────┴─────┐
      房产出租      年金保险
```

练习题（二）

假设你是一个雇主,陈先生是你非常看重的一个优秀员工。不过,陈先生目前还未在你的公司就职,依然受雇于老雇主。此外,陈先生非常看重"忠诚"这个价值观,十分忠于老雇主。那么,面对这种情况,你应该如何有效地组织语言,"走心"地说服陈先生加入你的公司呢?

答案（一）：

　　陈先生，我知道你非常忠于老雇主，但我确实非常看重你的才能。你想想，你的工资并不那么令人满意，同时你的职位也没有匹配你现在的能力。只要你加入我们公司，我会给你更好的待遇和职位，肯定让你满意。怎么样，要不要加入我们公司？

点评（一）：

从现实的角度来看，以上处理方式无可厚非。毕竟人要跳槽的话，肯定会看重待遇和职位发展。但从理念销售法的角度来看，以上处理方式还不够"走心"。也就是说，以上这段话还没有触及陈先生的"灵魂"。

那么，我们如何才能做到"走心"呢？我们必须重点关注陈先生的深层价值观：忠诚。我们可以发现，以上处理方式过于看重外在因素，几乎没有涉及"忠诚"这个我们不能绕开的价值观。所以，我们需要将"忠诚"作为切入点，运用理念销售法的技巧来重新组织语言。

答案（二）：

　　陈先生，我非常理解也非常欣赏你对老雇主的忠诚。这也是我愿意邀请你加入我们公司的重要原因。我年轻时也有你这样的想法,但随着成家立业,身上的负担慢慢变得沉重,我发现真正的忠诚并非简单地忠于一个雇主,而是始终忠于自己的内心,进一步忠于自己的家人。你考虑过吗?如果你加入我们公司,我们自然会提供更优于之前公司的职位和待遇。更重要的是,你更有能力照顾好自己的家人,实现自己的自我价值,从而真正做到忠于自己。没关系,你不用这么快就接受我的提议。当你真正愿意面对自己的内心时,你再来找我。我们公司的大门随时为你敞开。

点评(二):

很明显,以上处理方式更为"走心"。我们以"忠诚"这个虚泛而宏观的概念作为切入,运用逻辑三角技巧帮助对方发现其深层需求。这段话包含一个更为复杂的逻辑三角结构,具体如下图所示。

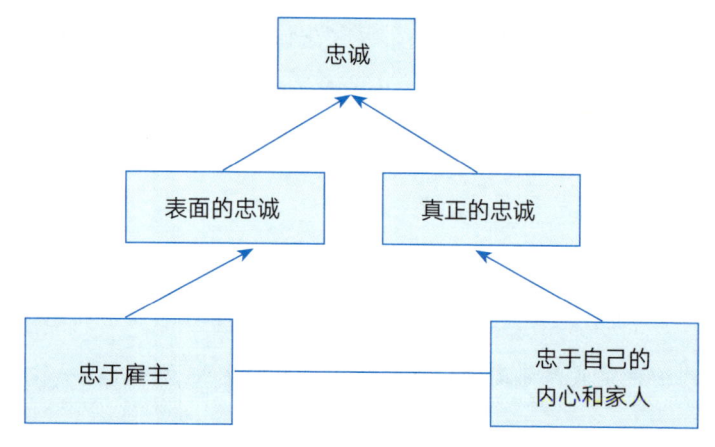

练习题（三）

假设你是一家面馆的老板。请用"有朋自远方来，不亦乐乎"这句话开场，并运用连环下切技巧引出你的主打产品。

答案：

孔子曰："有朋自远方来，不亦乐乎。"我们认为，表达朋友到来时的快乐的方式，就是让朋友吃好喝好。单纯让朋友吃好喝好，又难免落入俗套，我们还得让朋友有面子。来，尝尝我们最新推出的迎宾面，保证口味独特，让您倍儿有面儿！

点评：

在运用连环下切技巧时，理论上，我们可以构建的逻辑层次有许多，但在实战中，建议这种逻辑层次不超过三层。这样的表达更加清晰简练，客户也不至于发蒙。本答案的逻辑层级只有三层，具体如下图所示。

```
┌─────────────────────────────┐
│    有朋自远方来,不亦乐乎    │
└─────────────────────────────┘
              ↓
┌─────────────────────────────┐
│  表达快乐的方式,就是让朋友  │
│      吃好喝好,还有面子      │
└─────────────────────────────┘
              ↓
┌─────────────────────────────┐
│    吃碗迎宾面就是有面子     │
└─────────────────────────────┘
```

CHAPTER 6
拒绝性问题处理
——如何破解客户需求(上)

一、理念销售的流程

在传统销售中,一次销售的起点是我们开始介绍产品。但在理念销售中,我们在开始介绍产品之前,需要给客户导入一个先导观点,帮助客户梳理其深层需求。一个用心创造的先导观点,不仅能够帮助我们很自然地引出产品,还能够起到很好的"前置处理拒绝性问题"的作用。

比如,在前文的冰箱销售案例中,我们运用价值观排序法,在正式介绍产品前,成功地为客户导入了一个先导观点:"好冰箱主要看三点,即一看保鲜,二看容量,三看省电。"这样一个先导观点,不仅为我们顺利引出"零度保鲜冰箱"做足了铺垫,还能很好地前置处理客户的拒绝性问题。

如果没有先导观点的导入,客户的拒绝性问题可能是:"我为什么要购买这台保鲜冰箱呢?这台冰箱省电吗?"但在给客户导入"好冰箱主要看三点……"这一先导观点后,我们就可以降低客户提出上述拒绝性问题的概率。即使客户提出上述拒绝性问题,我们也可以回到对话的起点,告诉客户:"我刚刚已经说过挑选好冰箱的原则,保鲜功能应该被首先考虑,省电只是冰箱的附加功能。"这样,我们就能降低处理客户拒绝性问题的难度,做到前后呼应、有理有据。

在本书的前五章中,我主要教给大家导入一个先导观点的基本原理和技巧。从虚词到定义法,再到较为复杂的二分法、逻辑三角和连环下切,它们都是导入一个先导观点的有效工具。然而,无论我们导入先导观点的工作做得多么好,只要我们开始具体介绍产品,客户的拒绝性问题就会随之产生,这是我们无法避免的。因此,在一次完整的理念销售中,我们还需要处理第二类问题:如何松动客户头脑中的顽固观点?而这类问题往往出现在客户拒绝性问题的处理环节。

在理念销售中,我们以产品介绍为界线,可以将其分为"前半程"和"后半程"。具体流程如下图所示。

导入先导观点 (前置处理拒绝性问题)	➕	产品介绍	➕	松动客户头脑中的顽固观点 (再次处理拒绝性问题)
理念销售的前半程				**理念销售的后半程**

大家可以发现,在理念销售中,前半程和后半程其实都是在针对客户的观点做工作。或者说,本质上,我们要前后两次处理客户的拒绝性问题。毕竟,客户之所以会提出拒绝性问题,就是因为客户的观点和我们的观点不一致。所以,在学习完先导观点的导入后,我们还要学习松动客户的观点,这样才能完整地掌握理念销售法。

从本章开始，我们将进入理念销售"后半程"的学习。我将继续讲解一些新技巧，并重温前面章节介绍的那些技巧，教会大家如何松动客户头脑中的顽固观点，以及如何破解客户的需求。

二、一场思维辩论赛：语言不等于真相

在正式进入具体技巧的学习之前，我们需要做一些"热身"练习，目的是帮助大家建立一种正确的认知：语言并不等于真相。这是我们运用语言技巧帮助客户梳理深层需求的前提。

大家都知道，我们生活在一个主观的世界里。每天我们都在用语言表达自己内心相信的事情，也就是我们的主观观点。但是，语言是有局限性的，主要体现为：语言并不等于真相。或者说，语言能够帮助我们无限接近真相，但不能完整地描述真相。我们在用语言表达事情时，总会有主观的扭曲、遗漏、误解，甚至背离。

因此，在接下来的练习中，你需要暂时放下心中的"真相"，单纯就语言技巧进行思考。或者，你也可以把这一练习理

解为思维辩论赛。你将在对立或者荒诞的观点中练习语言组织和表达，进而学会如何去松动一个观点。

"吃苹果有益健康"这个观点，你相信吧？我想，这是一个大家认可且绝对成立的观点。假设你正身处一场辩论赛中，作为反方，你需要运用语言技巧来驳斥这个观点。那么，你将如何组织你自己的语言呢？

下面我来做一下示范。

> 我们都知道，吃苹果有益健康。但随着科学研究的深入，这个传统观点正在慢慢发生改变。我们所有的评判标准都需要量化。一天吃几个苹果才有益健康？究竟应该饭前吃苹果，还是饭后吃苹果？睡前能不能吃苹果？同时，苹果是不是对所有人群的健康都有积极的帮助？糖尿病人能否多吃苹果？……这些问题都是我们需要仔细思考的。越来越多的研究表明，一天中过量食用苹果，不仅不利于健康，还会增加某些疾病高发的风险。
>
> 随着营养学的发展，我们也知道，其实真正有利于健康的是水果中的维生素和纤维素。很多水果富含这些营养物质，所以并非只是吃苹果有益健康，而是吃水果有益健康。随着研究的进一步深入，人们发现，很多水果是可以

代替苹果的。此外,并非对于所有的人群,吃苹果都有益于健康。研究发现,特定人群会对苹果产生不耐受的现象,出现胃痛甚至腹泻的症状。对于这样的特定人群,吃维生素片更符合实际需求。

再有,心理学的研究进一步表明,让我们变得更健康的或许是我们的信念。我们坚信"吃苹果有益健康",当我们吃苹果时,这个观点会对我们产生强烈的暗示效果,对心理的调整起到正面作用,进而让我们变得更健康。所以,随着时间的推移,"吃苹果有益健康"这个传统观点可能会被修正。毕竟人类历史上所有重大的改变和发现,都是从打破旧观点开始的。

需要声明的是,由于我在营养学等方面知识匮乏,以上内容并没有严谨的科学依据,有些说法进行了模糊处理,甚至特意运用语言技巧进行了"虚构"。但我相信,听完这段话,对于"吃苹果有益健康"这个观点,你的内心会出现松动的迹象,这样我的目的就达到了。当然,我并不是要你用虚构的方式去忽悠人,只是为了证明,哪怕是一些不严谨的内容,在经过语言技巧处理之后,也能让你对自己原本确信的观点产生动摇。那么,如果我们对语言技巧的运用,建立在自己熟悉的知识、掌握的真实情况、诚恳的表达的基础上,是不是就更有说

CHAPTER 6 拒绝性问题处理——如何破解客户需求（上）

服力了？

在一次销售中处理客户拒绝性问题的环节，销售人员和客户的角色其实类似于辩论赛的正方和反方。但是，销售不是辩论，销售人员更多的是帮助客户厘清需求，从而创造一个共赢的结果。以上示例中运用的拆解观点的诸多技巧，可以被我们系统地运用在处理客户拒绝性问题的环节。

总之，人的观点是可以被松动的。很多时候，我们只需运用纯粹的语言技巧，就可以松动客户的既有观点，进而达到让客户反思的效果。客户在反思中会看到更多的可能性，也会给予我们更多的销售机会。大家一定要记住，当客户提出拒绝性问题时，我们要告诉自己：客户不一定是在真的拒绝我。因为客户的语言并不代表真相，他通过语言表达出来的观点可能被删减或扭曲。我们需要站在客户的角度，拨开客户语言的迷雾，挖掘客户内心的真正需求。

在这里，我需要再次强调，我们只能在基于事实的基础上运用语言技巧。也就是说，在销售实战中，我们运用语言技巧时，必须做到有理有据。如果我们背离事实，单纯运用语言技巧，那就一定无法获得双赢的效果。

三、处理拒绝性问题的前提：分清借口，学会放弃

在长达十几年的教学生涯中，我发现，学员在处理客户的拒绝性问题时，经常会遇见两类问题。这两类问题分别是：第一，无法区分拒绝性问题和借口；第二，没有学会适当地放弃。

第一类问题往往是销售新人会遇到的。在销售实战中，销售新人经常无法区分客户的回应究竟是拒绝，还是敷衍销售人员的借口。这类问题很容易解决，销售新人只需要不断地积累经验。

对于第二类问题，不管是销售新人，还是销售老手，都可能会遇到。很多销售老手会自信地认为，自己的技术已经无所不能，没有搞不定的客户，客户的所有拒绝性问题都可以处理，以至于无法做到适当地放弃。这类问题是我接下来要重点讲的。

我先来讲第一类问题：无法区分拒绝性问题和借口。

大家要记住，对于客户的拒绝性问题，我们是有可能运用技巧来处理的，但对于客户的借口，我们则做不到。拒绝性问题和借口的本质区别在于，客户是否表达了自己内心真实的想法。

拒绝性问题是客户内心真实想法的表达,即客户真实用语言表达了他对产品的观点。既然是观点,就一定存在模糊不清、可以被厘清的部分,这便给了我们发挥语言技巧的余地。借口则是客户的敷衍。客户用借口隐藏了自己内心真实的想法,从而给我们造成误解。如果我们试图去处理客户的借口,则会让一次销售变成"鸡同鸭讲",南辕北辙。

在销售实战中,类似"我还需要考虑考虑""我暂时没有想过这样的事情""我需要回家和家人商量一下"这样的表达,都属于客户的借口。对于借口的处理,我们要记住一条原则:不需要处理。也就是说,我们可以直接忽略客户的借口,运用"嗯,好的。但我们的产品真的非常不错,例如……"这样的句式,再次展开产品亮点的讲解。或者,我们也可以更强势地询问客户:"您具体要考虑哪个方面?还有不清楚的地方吗?是价格、质量,还是我们的服务?"这样的技巧可以帮助我们去探寻客户内心真实的想法。总之,我们要试图"逼问"出客户真实的拒绝性问题,而不能只停留在客户表面的借口上。

我刚才说了,第一类问题容易解决,只需要我们不断地积累经验即可,而第二类问题较为棘手。所以,我接着来讲第二类问题:没有学会适当地放弃。

由于我们学习的处理客户拒绝性问题的技巧是如此实用、

强大，以至于很多人会产生一种误解，认为客户的所有拒绝性问题都可以依靠语言技巧来进行处理。很显然，这是不可能的。很多时候，我们必须承认，技巧只是我们服务客户的工具，我们并不能代替客户做出决定。

我来讲两个典型的案例。在线下教学结束后，有的学员会问我："陈老师，我现在遇到了一个非常棘手的客户提出的拒绝性问题。您觉得哪个技巧能更好地处理它啊？"我会追问："具体说说看，是什么问题？"学员接着答道："客户说，他现在确实没有钱。"每每听到这样的回答，我都会愕然，接着便会直接告诉我的学员："既然如此，那你就放弃吧，不要让客户难堪。"

有的学员则会问我："陈老师，我有一个客户，全家都已经移民国外了，而且很少回国。他真的很有经济实力。我用什么技巧能够改变他的观点，让他在国内购买一份我的产品呢？"听完这些话后，我也会坦诚地告诉我的学员："这种问题已经超出了老师的能力范围。如果是我，我会选择放弃。我们不能要求世界上的每一个人都成为我们的客户。"

对于以上两类案例，我会选择直接放弃，并承认失败。我并不认为"改变客户观点"的技巧在所有客户身上都能起到良好的效果。我始终相信："术"有穷尽时，而销售人员不可以脱离为客户着想的"道"。就上述两类案例而言，客户确实没有相应的需求，因此我也就没有厘清和凭空创造需求的空间。在我的职业生涯中，我经常告诉自己：能促成，就尽力促成；确实不行，就坦然地放弃，开始服务下一个客户。而我这样做，也是为了让我的职业生涯更健康、更长久。

我们来深入思考一个问题：在销售工作中，何谓"成"，何谓"败"？这是一个很有"理念销售"风格的问题。深入思考这个问题，能够帮助我们建立正确的心态。下面，我分享一下自己对这个问题的看法。

我常年服务于银行保险业务（商业银行代理销售保险产品）。在这个行业里，销售的平均成功率大概是10%，部分高手能做到20%，顶尖高手能做到30%。观察这组数据，你就会发现，我们的工作永远是"负多胜少"。也就是说，无论我们做得多么优秀，仍必须面对大量的失败。所以，一颗平常心对于我们非常重要。在线下教学的过程中，我经常告诉我的学员："做销售这一行，对自己的要求不要太高，甚至要适当降低对自己的要求。得20分（20%的成交率）就相当不错了。如果你能得10分（10%的成交率），那就要恭喜你，你已经入门了。没有人要求你必须得100分。不要令自己徒增烦恼。"

假设你是一个销售新人，学完理念销售法后，充满信心，认为自己能"攻下"所有的客户，那么，不经意间，你就在内心大大提高了成功的标准。在销售实战中，你带着这样的标准去展开工作，结果却处处碰壁，于是你为自己贴上了"失败者"的标签。试想，如果你每天不断地否定自己，不断地强化自己的失败感，久而久之，怎能不心灰意冷，进而对销售工作失去信心呢？

为了让大家的职业生涯能够更健康、更长久，我来讲一个励志故事。

早年，我听过不少励志故事，其中日本的"保险营销之神"原一平的故事让我记忆犹新。原一平年轻的时候，还不太懂如何销售保险，所以他的成交率很难突破 10%。随着经验的不断累积，他的成交率达到了 20%，完成了从新人到高手的蜕变。但他没有满足，而是不断地磨炼自己的技艺，到中年时，他的成交率达到了 30% 的顶尖水平。也许很多人会选择在此时止步，但原一平认为这并不是营销的极限。他不断地寻求突破，到了晚年，他的成交率达到了前所未有的 50%。也就是说，这位"保险营销之神"平均每面谈两个客户，就能成交一个。

通过这个故事，大家可以发现，即使是被称为"保险营销之神"的原一平，也有一半的客户令他无能为力。所以，我们作为普通人，又何必执着于"100 分"呢？我们只要不断地提高技艺，多积累经验，获得属于自己的那一份进步，就是一件开心和幸福的事情。

四、十五种拆解法之三种基本技巧

接下来,我们来学习十五种具体拆解观点的方法。

首先,我们需要选择一个观点,将其作为分析的范例。我们不妨选择这个观点:"主管,销售工作实在是太难了。"

我相信,在你的职业生涯中,你一定会听到你的团队成员说出这类抱怨。在理念销售中,这句话也可以被视为团队成员的一个拒绝性问题。那么,我们应该如何从不同的角度来拆解这个观点呢?

世界观法

参考回答:

(1)你的这个观点非常常见。

(2)其实很多人有这样的想法。

(3)其实我对这个看法完全理解。

点评:

世界观法是一种最轻微的"松动"客户观点的方法。这种方法可以运用在任何拒绝性问题处理话术的开头。也就是说,无论客户的拒绝性问题是什么，我们都可以运用类似的话术轻微地"提醒"客户。这个简单话术的深层意思是："对你所表达的，我完全接受和理解，但是我必须指出，它仅仅是你的一个主观观点而已。既然是主观观点，就不一定绝对成立，一定存在某些主观的扭曲或者误解。"

延伸：

在销售实战中，世界观法可以作为一个单独的技巧来使用。此方法偏重对客户的观点做整体性的处理。但是，此方法非常简单，只是从宏观层面快速回应，并没有深入客户的内心去尝试拆解客户的逻辑。所以，在更多的情况下，世界观法需要和其他方法组成"组合拳"来使用。

下切法

参考回答：

（1）你说销售难，我想具体了解一下，销售的哪个环节最让你感到困难？

（2）是的，很多人在刚开始学习销售时会觉得很难，但随着时间推移，慢慢就好了。

（3）你知道，客户分很多种。哪类客户让你觉得很难呢？是不是面对一些"刁钻客户"让你备感受挫？

点评：

在前面的章节中，我们已经系统学习过下切法，这里不再赘述。下切法就是把一个观点进行合理的细分，以帮助客户打开思路，进而发现其自身观点的局限性。下面，我们来具体分析参考回答中的三个下切角度。

第一，从销售流程的角度进行下切。

一次完整的销售，包括接触客户、寒暄赞美、导入观点（前置处理拒绝性问题）、介绍产品、拆解观点（再次处理拒绝性问题）、促成交易等环节。觉得销售工作难，可能只是对某一两个环节的技巧掌握得不够牢固。以下是扩展后的参考回答。

你说销售难，我想具体了解一下，销售的哪个环节最让你感到困难？其实，一次完整的销售是由多个环节组成的。我仔细观察了你的销售过程，发现你的亲和力非常好，和客户相处得十分融洽。而且，你平日非常努力，已经能做到对公司产品的功能和亮点脱口而出。也就是说，在接触客户、寒暄赞美和介绍产品环节，你已经做得非常优秀了，这三点你要坚持。你只是在针对客户拒绝性问题的前后两个处理环节掌握的技能还不够。这很正常，不少销售

> 老手也常常在这两个关键环节上栽跟头呢！你可以学习一下陈老师的理念销售法，保证你会有新的感悟和进步！

第二，从时间的角度进行下切。

在日常的生活和工作中，我们习惯以静态的思维方式来看待问题。所以，我强烈建议大家多加练习这种以时间为下切角度的技巧，这样我们就能形成一种动态的思维方式。在参考回答中，我们只需稍微把这位员工的思路拉向未来，就可以轻松地拆解其观点。

在教育孩子时，我就经常用到这样的技巧。比如，孩子告诉我："爸爸，这道题目实在是太难了。"我通常会说："没关系，你只是现在还没想出解题方法。说不定哪天你有了新的思路，就将这道题目解出来了。"或者说："没关系，这是五年级的学生才能解的题目。你才上小学三年级呀，现在就开始挑战这么难的题目了吗？"

第三，从客户类型的角度进行下切。

当然，我们也可以进一步打开思路，从客户类型的角度来切分问题。毕竟客户也分亲和力强的客户和抗拒程度高的客户，甚至还会有"刁钻客户"，可能只是某类客户让员工觉得为难。

延伸：

在理念销售法中，下切法是一个简单而运用广泛的技巧。所以，在日常生活和工作中，当我们遇到"失败""成功""优秀"等虚词时，就要去寻找不同的切分角度，刻意练习这一基础技巧。

比如，当我们听到类似"你真的不行，不如××那么成功！"这样的话时，不妨问问自己：

> 是哪方面的成功？是事业的成功，还是家庭的成功，抑或是健康管理方面的成功？
>
> 是做什么事情成功？是做某一类事情成功，还是做任何事情都成功？
>
> 是现在成功，还是持续成功？成功多少年了？还能成功多少年？
>
> 这个成功是相对于什么事情而言的？是做简单的事情成功，还是做困难的事情也成功？
>
> 这个成功是依据什么标准而言的？是你觉得他成功，还是所有人都觉得他成功？
>
> ……

当我们开始刻意练习下切这一技巧后，就会发现自己的思维变得更全面、更深刻、更清晰,我们也更容易探索出一条有效处理客户拒绝性问题的路径。

当然,我们也可以将下切法和世界观法进行组合运用。于是,我们就得到"你这个观点非常常见……我想具体了解一下……"这样一个组合句式。在销售实战中,这一句式能够帮助我们处理客户很多常规的拒绝性问题。具体到上面那个示例,回答内容如下。

是的,我非常理解,你这个观点非常常见。(世界观法)你说销售难,我想具体了解一下,销售的哪个环节最让你感到困难?(下切法)

■ 定义法

参考回答:

(1)嗯,我听懂了。这其实不叫困难,而是叫暂时没有找到方法。当你再也找不到方法来解决时,才叫真正的困难。

(2)我刚才认真听了,你这个不叫困难,仅仅是对销售技巧还不够熟练!

(3)如今,"困难"这个词在我们的工作中被滥用得太严重了。其实,销售新手最容易把客户的反馈错当成困难。

这仅仅是客户在表达自己的一个主观观点而已。客户当然有表达自己的看法、反馈信息的权利！我们只需要学习读懂客户反馈信息的技巧，同时学会适当地引导客户发现自己的需求。下一次，你试试把应对客户的拒绝当作一次练习技巧的机会，你可能会有不一样的感受！

点评：

我在前面的章节中讲过，定义法是理念销售法中最重要的一种技巧，其他高级技巧都建立在定义法的基础上。所以，在处理客户的拒绝性问题时，定义法依然可以成为我们的重要工具。

从理念销售法的角度来看，客户的拒绝性问题本质上是主观观点的表达。既然是主观观点，其中必然包含一个核心虚词。不难发现，在"主管，销售工作实在是太难了"这个主观观点中，"难"是那个核心虚词。因此，对于"（困）难"的重新定义，就成为我们处理客户拒绝性问题的突破口。在参考回答中，我们从三个角度重新定义了"困难"。

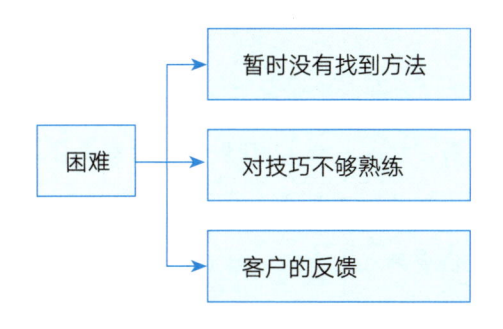

```
困难 ─┬─→ 暂时没有找到方法
      ├─→ 对技巧不够熟练
      └─→ 客户的反馈
```

这样，我们就能引发对方进一步思考，并重构内心对于"困难"的认知，最终让我们对客户拒绝性问题的处理更加"走心"。

延伸：

在处理客户拒绝性问题的实践中，定义法被广泛运用。为了帮助大家更好地理解，我来举三个范例。

范例一："资管新规"实施后，客户觉得理财产品不安全。

"资管新规"实施后，银行的理财产品不再承诺保本，刚性兑付被打破。因此，不少在银行工作的学员询问我，应该如何处理"客户觉得理财产品不安全"这一问题。

经过分析，我们可以发现，在客户的拒绝性问题中，核心虚词是"安全"。所以，对"安全"进行重新定义就是关键所在。我们对"安全"的重新定义，既要合理合规，也要引导客户看到"资管新规"对于客户积极的一面。参考回答如下。

> 先生，"资管新规"实施后，银行的理财产品确实不能再承诺保本了。您肯定听过"理财有风险"这句话，所以，无论是否有"资管新规"，理财的风险都是存在的。其实，实施"资管新规"就是为了让大家更安全。为什么这样说呢？在我们金融人士看来，真正的安全是信息的对称、公

开、透明。以前,理财产品的底层资产并不清晰,风险提示也不完善,只是在宣传上看似安全,实则客户要承担风险。现在呢,"资管新规"实施了,理财产品的风险提示、底层资产全部是清晰、公开的。虽然宣传提示有风险,但是客户会更加安全。毕竟信息的透明公开对客户来说才是最大的安全。

在上面的段落里,我们巧妙地从另一个角度去重新定义了"安全"。毕竟站在更专业的角度来看,世界上没有绝对的安全。信息的公开、透明,以及对客户的坦诚相待,反而能够更好地提醒客户理财有风险,进而起到防控风险的作用。此外,这样的重新定义也能拓展客户的认知,引导其发现自己的深层需求。

范例二:保险都是骗人的。

我相信,绝大多数"保险人"都遇到过这个拒绝性问题,所以,无论是保险销售新人,还是保险销售高手,对此或多或少都有自己的处理方式。站在理念销售的角度来看,我们的切入点一定是核心虚词——"骗"。参考回答如下。

先生,其实我们也非常厌恶销售中的欺骗,毕竟销售人员是绝对不能欺骗客户的。您看,所谓欺骗,本质上就是没有实话实说，故意给客户传递错误的信息。如果今天我只说保险的好，不说保险的不好，我就没有实话实说，肯定欺骗了您；如果今天我为了刻意迎合您，只说保险的不好，只字不提保险对您显而易见的好处，那我也没有做到实话实说，同样是欺骗了您。所以，今天我一定会客观公正地为您介绍保险，您看可以吗？

在上面的段落里，我们用到了更为高级、复杂的定义法技巧。通过对"欺骗"重新定义，我们成功制造了一个逻辑"死循环"。具体逻辑关系如下图所示。

前提：

我们不能欺骗客户

先导：

欺骗 = 没有实话实说

推导：

只讲保险的好，不讲保险的不好 = 没有实话实说 = 欺骗了客户

只讲保险的不好，不讲保险的好 = 没有实话实说 = 欺骗了客户

结论：

不讲保险也等于欺骗了客户，但讲保险的前提是不能欺骗客户，所以，我们必须给客户客观公正地讲解保险

在上述逻辑关系中，首先，我们确定了"不能欺骗客户"这个大前提；其次，我们重新定义了"欺骗"，欺骗就是没有实话实说；最后，对于"没有实话实说"这个解释，我们进一步用二分法做了处理。最后这一步至关重要，因为只要推导过程成立，我们就可以顺着逻辑，给客户讲解保险产品。

这种高级的语言技巧属于定义法的进阶版，我称之为"借力打力"，即我们运用客户的观点来说服客户。此技巧的关键，在于把客户的观点上堆，并用二分法进行拆分。当然，想要熟练运用此技巧，并非一日之功，在日常的工作和生活中，我们要刻意地进行练习。这样，在面对客户的时候，我们才能做到游刃有余。

范例三：销售会伤害客户。

这是销售新人经常会抱怨的。仔细分析这句话，我们会发现，里面包含了两个关键的虚词："销售"和"伤害"。我们既可以从"销售"入手，也可以从"伤害"入手，两种方式都可以达到令人满意的效果。但是，效果最好的方式是同时从这两个虚词入手。参考回答如下。

其实，很多新人在从事销售工作之初会有这种观点，这很常见。（世界观法）的确，有很多不专业的销售人员经常会错误地给客户传递产品信息,也不清楚客户的需求,只管强行销售,结果引起客户反感。但真正的销售是精准挖掘客户的需求,并用产品满足客户的需求。(定义法)所以,真正优秀的销售不仅不会伤害客户,还能帮助客户解决生活中的问题。从这个角度来看,如果我们明明有一个可以帮助客户解决问题的好方案,但因为顾虑望而却步,最终让客户错过一个改善自己生活的好机会,那才是真正伤害了客户啊。

在上面的段落里,我们不仅组合运用了世界观法和定义法,还同时重新定义了"销售"和"伤害"这两个虚词。在销售实战中,"真正的××是……"句式是定义法的一种经典句式。

至此,我们已经学习了三个处理客户拒绝性问题的基础技巧,它们分别为世界观法、下切法和定义法。在销售实战中,这三个技巧经常被组合使用,形成一套"组合拳",并且经常被用在处理某一个拒绝性问题的开场白中。

当我们能熟练地运用这套"组合拳"时,逻辑会变得非常清晰和规范。比如,当客户对我们说"这个产品太贵了,我不想考虑"时,我们可以做出如下回应。

先生，其实您的这个看法很常见。（世界观法）这主要取决于您如何看待我们的产品：是买起来贵，还是用起来贵？我们产品的品质过硬，后期极少遇到损坏维修的情形，使用十年也不成问题。有的产品买起来确实便宜，但用起来贵。（下切法）所以，没有贵不贵，只有值不值。（定义法）

CHAPTER 7
拒绝性问题处理
——如何破解客户需求（下）

一、十五种拆解法之十二种进阶技巧

在上一章中,我已经教给大家三个处理客户拒绝性问题的"基本技巧"。这套"三板斧"足以让一个销售新人对客户拒绝性问题的处理迅速上手。为了帮助大家开拓思维,以便处理更复杂的客户拒绝性问题,我将在本章中讲解其余十二种拆解法。

因果换框法

"换框"这个概念出自 NLP(神经语言程序学),强调换一个角度或框架看待问题。其中,因果换框法的作用最为显著。由于因果换框法是一个新概念,我们需要先来学习一些相关的基础知识。

在我们的语言逻辑中,尤其在销售领域中,两种句式出现的频率最高。第一种是定义式,比如"……是……"。在本书第3章中讲定义法的时候,我已经系统地为大家介绍过这种句式,这里不再赘述。第二种是因果式。比如客户说:"你们产品的外观不好看,我不喜欢。"这句话就是典型的因果式。显然,这句话中隐藏了一个因果关系:因为"你们产品的外观不好看",所以"我不喜欢"。只是客户因为语言习惯,省略掉"因为"和

"所以"。

在下列常见的客户拒绝性问题中,其语言逻辑都是因果式的。

(1)保险的周期太长了,我不考虑。
(2)这种金融产品,前五年都没有收益,我觉得不划算。
(3)你们的服务态度很差,我不买了。
(4)家里人反对,我还需要考虑一下。
(5)这个产品的灵活性不高,我不喜欢。
(6)哪有这么贵的东西?我想想再说。
(7)其他厂家的产品比你们的好,我还要货比三家。
(8)下雨了,我就不参加你们的活动了。
…………

当然,大家可以尝试在这些句子里补充上"因为"和"所以",这样能更清晰地找出句子中隐藏的因果关系。

针对这种类型的句式,我们只需要把因果关系调换过来,就能很好地处理客户的拒绝性问题。这就是因果换框法。在销售实战中,我们常用的标准句式可以是:"正因为……,所以你更要……,因为……"

我们还以"主管,销售工作实在是太难了"这句话作为例子。我们应该如何运用因果换框法来回答呢?

参考回答:

(1)正因为难,你才更要做啊。因为大家都觉得难,做的人就少了,竞争也就小了。这样你很容易脱颖而出!

(2)你傻啊,越难你越要做。别人不敢做,而你做了,一方面证明你有冲劲儿,领导肯定会关注你;另一方面,即使失败了,你也没有损失啊。大家都知道这项工作难,即使你失败了,大家也很容易理解。

(3)正因为难,你才能证明自己的价值,所以你更要去做!

点评:

以上回答虽然在逻辑顺序和表达细节上与标准句式略有不同,但本质上都用到了因果换框法的标准句式。

在使用因果换框法时,我们需要刻意地把因果关系进行倒置。其关键点在于,为倒置的因果关系找到全新的价值来做支撑。比如,在上文的回答中,我们帮助员工找到了很多做销售工作的隐藏价值:脱颖而出,证明自己的能力,有担当,不怕失败,代价小等。我们换一个角度去深层次挖掘销售工作的价值的同时,也挖掘了员工的深层需求。

虽然因果换框法理解起来并不困难,但如果我们想要自如地运用该技巧,并将其作为自己的思维习惯,仍然需要大量的练习。

延伸:

既然因果换框法的核心在于深层次、多角度地挖掘事物的价值,那么我们对事物的深刻理解就非常重要。所以,大家要想自如地运用因果换框法,除了需要训练思维逻辑,还需要在日常工作中不断地钻研自己所在行业的专业知识。

下面,我来分析三个具体案例,帮助大家更好地掌握因果换框法。

案例一:这杯咖啡怎么是酸的,没有咖啡味?

本质上,这句话包含一个隐藏的因果句式。它的完整内容应该是:"因为这杯咖啡有酸味,没有咖啡味,所以我认为这杯咖啡的品质并不好。"但是在原话中,客户并没有把"所以"后面的内容说出来,因此我们只能试探性地回应,并运用因果换框法扭转局面。参考回答如下。

先生,您是不是觉得咖啡有酸味,所以认为它的品质不佳?（补充完整因果句式）如果是这样，您可能就误解了。正因为咖啡有酸味，您才更要细心地品尝啊!（倒置因果关系）具体原因，我来给您解释一下。

首先，咖啡豆其实是一种水果的种子，所以咖啡带有果酸味很正常。而且，高档和精品的咖啡往往都带有一股独特的果酸味!

其次，这和烘焙程度有关系。传统的咖啡用的是深度烘焙后的咖啡豆，而深度烘焙会破坏咖啡豆里的果酸味。但一般来讲，越是高档的咖啡豆，越需要中浅度的烘焙，这样里面的果酸不会被破坏，能最大限度地保留咖啡的原味。您仔细品尝一下，这杯咖啡是不是有一股淡淡的柑橘味道?这正是精品咖啡的标志!（运用专业知识，进行补充解释）

案例二：保险在前五年没有收益，我不喜欢。

这是保险销售领域遇到的一个高频问题，常见于五年投保期的增额终身寿。参考回答如下。

先生，正因为这样，您才更要配置这类后期收益稳定的产品啊！您想想，五年内您不是还有短期理财产品吗？而保险是长期产品，是短期理财产品的"黄金搭档"。短期

CHAPTER 7 拒绝性问题处理——如何破解客户需求（下） || 193

理财产品负责五年内的收益，保险负责五年后的收益。这样，一个负责现在有钱，一个负责未来有钱，同时配置这两种金融产品后，您一辈子都不愁钱！

案例三：妈，他太丑了，我不想嫁给他！

这是一道趣味题，在线下教学时，我经常用它来开拓学员的思路。这道题的具体场景是：一个母亲劝说女儿嫁给一个相貌平平的男士。这一拒绝性问题不需要大家具备某个领域的专业知识，非常适合因果换框法的练习。

下面，我给出一个开场白。请大家认真思考，打开思路，写下自己用来说服对方的内容。

傻女儿，正因为他长得丑，你才更要嫁给他啊！因为

_____

_____

以下是学员们的常见回答：

（1）因为这样才安全，其他女人怎么可能看上他？

（2）因为他知道自己相貌上的不足，会加倍对你好。

（3）因为他肯定会努力工作挣钱，弥补自己相貌上的

不足。

（4）因为这样才能衬托出你的优势,不是吗?

（5）因为这样,他才会一辈子只对你一个人好。

…………

环境换框法

有了因果换框法的知识作为基础,再学习环境换框法就非常容易了。

所谓环境换框法,就是把产品放进另一个参照体系里进行对比,以此凸显产品的优势。以保险产品销售为例。我们之所以觉得保险产品难卖,往往是因为客户会把保险产品和理财产品等收益类产品进行比较。保险产品的收益肯定比不过理财产品的收益,但从其他功能上进行比较,保险产品功能的优势就凸显出来了,比如长期刚性储蓄、风险转移、财富安全等。

参考回答:

销售工作难不难,关键看公司的综合能力。对于其他公司,我说不准,但放在我们公司,这事儿难度不大。毕竟我们公司实力非常雄厚,产品也非常丰富。更关键的一点是,我们的客户管理体系非常强大。在公司的帮助下,你很快就能发现客户的真实诉求,并且肯定能从我们的产品中找到一款恰好匹配客户诉求的产品。我们的产品卖点和客户的诉求能够匹配,销售又有何困难呢?

点评:

在运用环境换框法时,我们只需要思考一个问题:把这个产品/事情放在一个什么样的环境中,应对起来会变得简单?一旦我们找到了答案,在梳理逻辑、组织语言时就会非常容易。

延伸:

到这里,我们已经学习了五种处理客户拒绝性问题的方法。大家一定要记住,所有这些方法既可以单独运用,也可以综合运用。下面,我给大家分享一个我辅导儿子的案例。在这个案例中,我就综合运用了我们已经学过的五种技巧。

我的儿子从小就开始学钢琴,因此他不可避免地经历了一段厌学时期。

有一次,儿子对我说:"爸爸,这首曲子实在是太难弹了,我想放弃了。"

我略加思索后,对儿子说:"这样,我们先不着急说难不难。要不你先试着给爸爸弹一遍这首曲子?爸爸虽然不懂，但可以与你一起分析分析。"

于是，儿子勉强弹了一遍这首他并不熟悉的曲子。听完后，我便对他说："其实，几乎每个小朋友都产生过学钢琴很难的想法。这种想法可不是只有你一个人才有。（世界观法）爸爸刚才听了你的弹奏，发现这首曲子一共分为四个段落。第一个段落和最后一个段落，你弹得很流畅，只有中间的两个段落，你还不够熟练。（下切法）所以这不叫困难，你已经成功一半了。你多练几遍中间的两个段落，慢慢就会弹流畅了。（定义法）

儿子若有所思，随后回答道："就是难！中间的两个段落我肯定弹不好！"

我说："怎么会呢？你试着练习几遍，看看有没有进步。"

儿子说："肯定不行！不管练习几遍，我都弹不好！"

我说："哦，是吗？那你觉得自己需要练习几遍才能弹得好？"（再次运用下切法）

儿子毫不迟疑地说："100遍！不，就算我弹1000遍也弹不好！"

我接着说道："那这首曲子是真的挺难的。但你想不想明天老师表扬你？"

儿子眼睛一亮，说："当然想！"

我立刻说道:"所以,越难你越要弹!你想想,你已经是弹琴很厉害的小朋友了。对这首曲子,你都觉得难,其他小朋友肯定也觉得难!而且,他们肯定也和你一样,不愿意多练习这首曲子。你不需要将这首曲子弹得很完美,只需要比其他小朋友多练习几遍,明天肯定能脱颖而出,老师也一定会表扬你!"(因果换框法)

儿子听完我的话后,非常高兴,立刻又练习了两三遍。我在旁边仔细观察,从每一遍练习里寻找儿子微小的进步,不断地鼓励和肯定他:"你看,你现在有进步了。你感觉到了吗?"

儿子高兴地说:"是的,比刚才好了一点。"

我立刻问他:"那你现在还觉得要弹100遍、1000遍才能弹好这首曲子吗?"

孩子想了想,回答道:"嗯……可能再练个二三十遍,我就可以过关了。"

最后,我告诉他:"这首曲子确实是比较难的,一般钢琴五级的小朋友才有可能驾驭得好。你现在才三级,就挑战了五级的难度。等你到了五级,肯定会觉得这首曲子的难度也就那么回事儿!"(环境换框法)

最后,儿子高兴地接受了我的建议,继续练习起来。

价值转移法

当我们在两个价值之间进行权衡和选择的时候,自然会有一种倾向:两害相权取其轻。价值转移法的原理正是如此。当客户对某件事感到为难的时候,我们只需指出事件中利害关系更甚的"隐藏价值",就可以达到价值转移的效果,进而能顺利地说服客户。

参考回答:

(1)和完不成任务、老板发飙比起来,被客户拒绝真的不算太难应对的事。

(2)销售工作确实很难,但远没有生活难。

(3)如果你觉得很苦,就看你是愿意吃销售的苦,还是愿意吃落后的苦。

点评:

价值转移法属于用一句话处理客户拒绝性问题的技巧,用起来简单、方便。在孩子产生厌学情绪时,我们可以说:"那你是想吃学习的苦,还是想吃生活的苦呢?"在客户质疑保险产品的价格时,我们可以说:"比起未来发生风险带来的大笔医疗费,保险的价格真的不算贵。"

整体贬低法

人是观点的主体,也是观点的载体。既然如此,当我们听到一个观点时,就可以尝试从以下角度进行拆解:这个观点是谁讲的?他是站在什么样的立场来讲这个观点的?如果换了身份或立场,他还会有这样的观点吗?当我们尝试从"身份"和"立场"的角度去拆解观点时,本质上是站在更高的层面发问,进而引发客户思考。这就是整体贬低法。

参考回答:

(1)只有弱者才会有这样的想法。

(2)这是典型的悲观思维,我们应该看到事情更多的可能性。

(3)继续这样想的话,只会让你止步不前,越来越弱。

点评:

整体贬低法属于一种语气比较强势的技巧。在实际运用的过程中,我们要注意语气柔和,以及具有亲和力。更重要的是,我们要尽量避免单独运用该技巧,以及一开场就运用该技巧,以免令客户产生抗拒心理。

运用权威法

参考回答:

（1）某位营销大师曾经讲过，困难是成功的开始。
（2）我们公司最优秀的精英也曾有过你的这种想法。

点评:

运用权威法是一种非常基础和简单的技巧。通过实事求是地引用行业精英或者成功人士的观点，可以增强沟通效果。这一技巧比较容易理解，这里就不展开讲述了。

运用反例法

观点之所以是观点，主要是因为观点中包含大量主观臆断的成分。所以，我们只需要找到一个与观点相反的事实，就可以帮助客户快速打开思路，从其他角度看待问题。

参考回答:

我们部门的一位新人曾经也是这样的。刚开始时，他比你还难，连续三个月一单也没有。后来他找到门道了，很快就成了"绩优者"。现在，他已经是分公司的管理干部了。

点评:

运用反例法看似简单,实则大有用处,它能够帮助客户快速打开思路,进而帮助我们快速处理好客户的拒绝性问题。比如,在销售实战中,常见的客户拒绝性问题是:"你们的产品太贵了。"运用反例法来处理这一问题,我们可以这样回答:"其实,产品贵不贵,主要看价格与品质是否相一致。前几天,一位老客户找我再次购买这个产品。他看重的就是这一点——贵一些,品质更有保障。"

■ 证据质疑法

我们知道,一个观点要成立的话,需要多个证据来支撑。所以,在运用证据质疑法时,我们只需要针对支撑观点的证据进行驳斥,就可以成功地松动观点。

参考回答:

(1)你怎么会产生这个想法?讲一个案例,我们来分析分析。

(2)我近期也观察了你的销售情况。我觉得,你还没有看到自己成功的部分。不妨听我给你具体分析分析。

（3）有没有具体案例支持你这个想法呢？

时间推移法

我们思考问题时，都是按照时间线进行的。所谓时间推移法，就是直接把客户的视野引向未来的某一时刻，并假设客户在未来已经取得成功，之后，再引导客户从未来回到当下，以进一步激发客户思考，看到更多的可能性。

参考回答：

（1）当你成功开单后，你肯定就不会这样想了。继续加油！

（2）当你成为主管以后，你会怎样开导遇到同样问题的下属呢？

（3）我们不妨一起想想，假设你已经成功渡过了这个难关，你是采用什么样的方法和心态来实现的呢？

延伸：

至此，我们又学了六种处理客户拒绝性问题的小技巧。在适当的时机单独运用这些技巧，自然也能起到令客户醍醐灌顶

CHAPTER 7　拒绝性问题处理——如何破解客户需求（下）

的作用，但在更多的情况下，我们需要组合运用这些技巧，这样才能产生叠加效应，获得令人满意的说服效果。

下面，我写了一段话，里面综合运用了前面学习的六种小技巧。

我非常理解你的想法。当我还是新人时，我的想法和你的一样，这不也顺利过来了吗？（世界观法）你看看小王，人家之前三个月都没有开单，现在不干得好好的？（运用反例法）

其实，我们公司最厉害的销售精英，也曾经历过这样一段自我怀疑期。他的经验是，继续努力学习，不断尝试，肯定能够突破。（运用权威法）等你顺利开单后，你肯定就不会这样想了。（时间推移法）这只是你职业生涯中的一个小插曲而已。

我其实也观察过你的销售过程。上次陪你拜访客户时我就发现，你的能力很强，只是在几个关键环节技巧还不够熟练而已。这样，等有空的时候，我们详细分析一下你的技能，肯定能找到解决方法。（下切法 + 证据质疑法）

而且，暂时吃点销售的苦，总比以后一直吃生活的苦要强。（价值转移法）所以，千万别悲观，那毕竟不是强者的思维方式呀。（整体贬低法）

自我运用法

自我运用法是理念销售法中极具代表性的技巧，也是我本人最喜欢的技巧之一。大家一定要记住：成年人是很难被说服的，除非你用他自己的观点来说服他。关于自我运用法的应用，有一个很具代表性的故事，我们一起来看一下。

从前，有一位年轻人非常自卑。有一天，他上山去寻求一位老禅师的帮助。见面后，年轻人便开始倾诉："大师，我一直有一种深深的自卑感，对自己总是没有信心，希望大师能够点化我。"

老禅师说道："年轻人，我看你不过三十岁出头。你试着想想，在过去三十来年的时间里，有没有某一年或某一段时间，你做过成功的事情，自己也感到满意呢？"

年轻人说："没有！大师，在过去三十来年的时间里，我没有一分钟对自己感到满意过，时时刻刻都在饱受自卑的折磨。大师，您这样讲对我没用！"

老禅师接着问道："年轻人，在你过去做的那么多的事情里，有没有那么一两件，你觉得比较成功呢？"

年轻人回答道："没有！大师，就算做一千件、一万件事情，我也绝对不可能成功的！大师，您这样讲也没有用!"

老禅师发现点化年轻人的时机已到,于是说道:"年轻人,你说你一点自信都没有。那么,你为何这么自信地说自己不自信?你对自己不自信这件事,可是充满了自信啊!"①

在这则故事里,大家应该能够充分体会到"用客户自己的观点来说服客户"的语言智慧。这便是自我运用法的强大功效。

参考回答:

(1)其实,你之所以感觉销售难,并不是因为这件事本身,而是因为你产生了畏难的心理。也就是说,你坚信销售就是困难的,所以你才感觉销售难。

(2)其实,真正让你感到难的,不是销售这件事,而是你自己的这个观点!

点评:

自我运用法是一种松动客户观点的强有力的技巧,运用得当的话,能够让客户产生类似"顿悟"的良好效果。但是,该

---

① 内容来自互联网,因时间较久,未查到具体来源。

技巧不宜单独运用，需要我们在成功运用其他技巧的基础上加以运用。

延伸：

在销售实战中适当运用自我运用法，可以增强销售逻辑的"高级性"。

比如，在保险销售实战中，客户往往会对增额终身寿险提出拒绝性问题："这个保险虽然后面有稳定的收益，但前五年（或前三年）是没有收益的。我觉得有损失，不划算。"

面对这类问题，我们可以用自我运用法来处理。我们可以说："保险最大的特点之一就是确定性。虽然投保期内您没有收益，但后期就可以获得稳定的、确定的收益。其实，真正让您失去收益的不是投保期，而是您这个错误的观点啊！"

上堆法

在前面的章节中，我已经系统地讲解过上堆的技巧。上堆是一种基础技巧，在定义法和逻辑三角中，我们都需要运用到这一技巧。在处理客户的拒绝性问题时，单独运用上堆技巧也能起到非常好的效果。

本质上，上堆法就是充分寻找客户观点背后隐藏的深层需求。通过肯定客户的深层需求,我们就有机会让客户明白,做某件事就是为了满足其深层需求。

参考回答:

　　其实,有畏难情绪很正常。面对困难时选择逃避是人之常情,因为我们都不想面对失败。但是逃避不能避免失败,只有学习,变得强大,我们才能真正地避免失败。

点评:

在上述回答中,我们并没有直接对"逃避"做工作,而是去挖掘"逃避"背后隐藏的深层需求——不想失败,毕竟没有人喜欢失败。在充分肯定了深层需求之后,我们再接着去引导,进而让对方明白,要满足深层需求,逃避不是一种好方法,好方法是学习,让自己变得更强大。

二分法

在本书第 4 章中,我系统地讲解过二分法这一导入观点的高级技巧。此技巧也可以被用来拆解客户的观点,进而处理客户的拒绝性问题。

参考回答：

（1）其实，工作有两种：一种是走下坡路，越走越轻松；另一种是走上坡路，越走越进步。

（2）其实，我们面对工作的态度有两种：一种是因为需要而工作，另一种是因为轻松而工作。很显然，销售工作属于第一种。

先跟后代法

先跟后代法是催眠语言模式中常见的一种语言技巧，其核心在于"跟"和"代"。因本书内容不涉及催眠和催眠治疗，此处不展开论述。在理念销售法中，我把该技巧做了简化，使其更接地气，更有实用性。

我们可以把"跟"简单地理解为整体肯定和接纳客户的观点；把"代"简单地理解为肯定和接纳客户的观点后，不需要对观点做解释和辩驳，直接告诉客户下一步应该怎么做。

参考回答：

（1）是的，我理解。当你成功以后，你就不会这样想了。加油工作吧！

（2）销售难？是的。当你成为高手以后，这个想法自然就消失了。走,我们现在就去展业!

点评:

为了帮大家更好地理解上述回答中的逻辑,我对其中一个回答进行拆分。你会发现,回答中包含"跟"和"代"两个逻辑层次。

是的,我理解——"先跟",肯定和接纳对方的观点。

当你成功以后,你就不会这样想了。加油工作吧!——"后代",直接告诉对方下一步应该怎么做。

要想掌握先跟后代法,大家可以记住十二字的口诀:"先做接纳,少去解释,只给指示。"

延伸:

当客户说:你们的产品太贵了。

我们可以回答:是的,贵是贵了一点。(先跟)但很多客户买了我们的产品以后,都不这么想了。(后代)

当客户说:我不喜欢你们的产品,但我也说不出原因,就是不喜欢。

我们可以回答:是的,我理解。(先跟)当您买了我们的产

品以后，可能就不会这么想了。要不要了解一下今天的优惠政策？（后代）

总之，先跟后代法"少去解释，只给指示"的处理方式，具有极大的包容性，几乎能够"接住"客户的所有拒绝性问题。因此，这一方法是我们处理客户拒绝性问题的"压箱底"的一招。以后，当我们面对客户提出的刁钻的拒绝性问题，又一时想不出解决方法时，一定要记住我们还有这最后一招。

二、练习题：十五种拆解法的组合运用

至此，我已经把十五种破解客户需求的方法全部传授给大家。为了检验大家的学习效果，以及帮助大家综合运用这些技巧，我设计了两道练习题。请大家认真思考，做一下这些练习题。

练习题（一）

在保险销售实战中，客户往往会说："保险的收益太低了，

我不太喜欢。"以下是我给出的回答。在这个回答中,我用到了十五种拆解法里的哪几种?请你找出来。

先生,其实不少客户有这样的观念。关键是看您要哪种收益。是要一次性的收益,还是要持续性的收益?是要靠风险换的收益,还是要靠时间换的收益?真正的收益是要拿时间来衡量的,所以我们有时不能只考虑收益高不高,还要考虑获得收益的时间长不长。

此外,先生,从专业的角度来讲,收益并不能完全代表一个产品的价值。有的产品是卖出去才值钱,有的产品则是持有才值钱。看待保险产品的价值也应如此。

如果您拿保险和股票比较,保险的收益当然就很低了。但它们的价值不一样,压根儿没有可比性。从保障性和功能方面来考虑,保险的价值就很高了。有的客户特别愿意配置保险这种近期收益低、未来收益高的产品,因为只有这样,才能与自己购买的理财产品形成风险对冲。您想,我国目前的大环境是降息,投资收益不可能每年都很高。因此,理财产品和保险产品都配置的话,当短期收益下降时,长期收益就相对升高了,这就对冲了风险。

所以,当客户这样讲时,我们更要解释一下,毕竟客户不专业。而且,这样的想法也会让客户错过保险真正的价值。我们对此必须如实、全面地进行告知。很多客户未来会感谢自己现在购买了长期保险。

答案：

先生，其实不少客户有这样的观念。（世界观法）关键是看您要哪种收益。是要一次性的收益，还是要持续性的收益？（下切法）是要靠风险换的收益，还是要靠时间换的收益？（二分法）真正的收益是要拿时间来衡量的，（定义法）所以我们有时不能只考虑收益高不高，还要考虑获得收益的时间长不长。（二分法）

此外，先生，从专业的角度来讲，收益并不能完全代表一个产品的价值。（定义法）有的产品是卖出去才值钱，有的产品则是持有才值钱。（二分法）看待保险产品的价值也应如此。

如果您拿保险和股票比较，保险的收益当然就很低了。但它们的价值不一样，压根儿没有可比性。从保障性和功能方面来考虑，保险的价值就很高了。（环境换框法）有的客户特别愿意配置保险这种近期收益低、未来收益高的产品，因为只有这样，才能与自己购买的理财产品形成风险对冲。您想，我国目前的大环境是降息，投资收益不可能每年都很高。因此，理财产品和保险产品都配置的话，当

短期收益下降时，长期收益就相对升高了，这就对冲了风险。（因果换框法）

所以，当客户这样讲时，我们更要解释一下，毕竟客户不专业。（整体贬低法）而且，这样的想法也会让客户错过保险真正的价值。（自我运用法）我们对此必须如实、全面地进行告知。很多客户未来会感谢自己现在购买了长期保险。（时间推移法）

练习题（二）

客户说："你们的产品太贵了。"请你尽可能多地运用拆解法，自行拟写一段回应话术。

答案：

先生，其实不少客户有这样的观念，毕竟他们还不够了解我们的产品。（世界观法）本质上，产品没有贵不贵，只有值不值。您想，产品到底贵不贵，主要取决于其和什么产品比，以及怎么比。我们产品最大的优势就是质量上乘、经久耐用，而且维修率低。其他产品，可能您买的时候很便宜，但后期经常出现故障，维修费用很高。您是选择买得贵，还是选择用得贵呢？（下切法+定义法+二分法）

而且，这款产品是给孩子用的。它再贵，哪有孩子的健康珍贵，是吧？（价值转移法）正因为它贵，我们才更要给孩子买，因为孩子值得用更好的产品。这都是为了孩子好啊！（因果换框法 + 上堆法）

我这里收集了同类产品的零售价格。您看，我们产品的定价属于市场中上水平，绝对不是最贵的。当然，您也可以亲自上网查询。（证据质疑法）

很多买了我们产品的客户，感到非常满意。当您让孩子用上我们的产品后，肯定就不会这么想了！（时间推移法）今天我们有活动，我可以帮您争取优惠！（先跟后代法）

在完整学习了十五种拆解法后，我希望大家在面对各类客户的拒绝性问题时，千万不要畏难，而是要把这些拒绝性问题看作练习拆解法的绝佳机会。只有不断地练习，你才能够成为处理客户拒绝性问题的高手。

CHAPTER

8

篇章
——融会贯通，顺利成交

一、理念销售五步法

大家已经知道,理念销售法遵循的逻辑是:词语—句式—段落—篇章。

在本书第 2 章中,我们首先学习了词语。其中,虚词是理念销售法的"基石"。在本书第 3 章和第 4 章中,我们学习了如何把词语拓展成一个完整的句子。其中,定义法、二分法、"先导—推导—结论"是本阶段的重点技巧。在本书第 5 章中,我们进一步学习了如何构建句子之间的逻辑关系,把句子拓展成段落。在这一阶段,逻辑三角、连环下切是重要技巧。

大家可以发现,以上技巧都是理念销售前半程——导入先导观点要用到的技巧,目的是前置处理客户的拒绝性问题。但在理念销售的后半程,当我们介绍完产品后,还要再次处理客户的拒绝性问题。这就是本书第 6 章和第 7 章重点讲解的内容。其中,十五种拆解法是重中之重。

加入理念销售法的重要技巧后,理念销售的流程如下图所示。

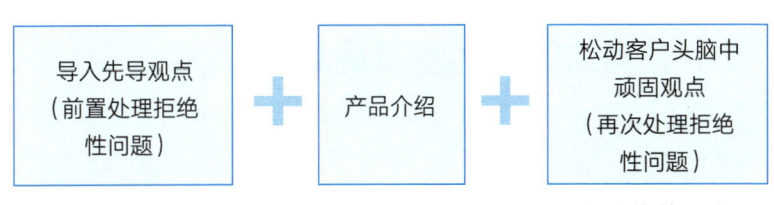

CHAPTER 8 篇章——融会贯通，顺利成交

```
[导入先导观点        [产品介绍]      [松动客户头脑中
（前置处理拒绝                      顽固观点
性问题）]                           （再次处理拒绝
                                    性问题）]
```

理念销售的前半程　　　　　　　　　　**理念销售的后半程**

（虚词＋定义法＋二分法＋"先导—推　　（十五种处理客户拒
导—结论"＋逻辑三角＋连环下切）　　　绝性问题的技巧）

从上图可以看出，理念销售法的着重点在于对客户的观点做工作，这也是它区别于传统销售方法的根本所在。但是，以上三个步骤只是理念销售中最难的部分，还不足以构成完整的理念销售流程。一个完整的理念销售流程，除上述三个步骤外，还需要分析客户的痛点，并做出有力回应以促成交易。因此，理念销售的完整流程应该包括五个步骤，我称之为"五步法"。

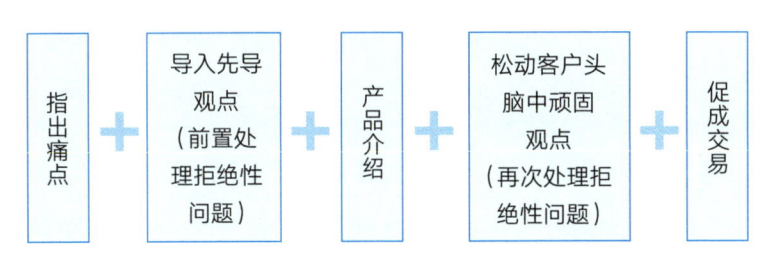

```
[指出痛点] ＋ [导入先导观点（前置处理拒绝性问题）] ＋ [产品介绍] ＋ [松动客户头脑中顽固观点（再次处理拒绝性问题）] ＋ [促成交易]
```

理念销售的完整流程

通过运用五步法，我们就能将理念销售法的各个技巧融会贯通，构成完整的销售篇章，进而成功地说服客户，促成交易。

二、五步法的具体场景应用

场景一：商业银行代理销售养老保险

假设客户来到你所在的银行网点，向你咨询理财产品，客户目前还没有购买保险产品的意愿。那么，你应该如何运用五步法来顺利销售保险产品呢？

我的示范如下。

客户：请问，最近有没有好的理财产品？

销售人员：有的，先生。我行代理的产品有很多，总有一款是适合您的。但为了更好地为您服务，我想了解一下，您具体想解决什么问题呢？

客户：我还没有仔细思考过这个问题。

销售人员：哦，其实是这样的。一般来说，生活中需要花钱的地方，就是我们要解决的问题所在。需要花小钱的是小问题，需要花大钱的自然是大问题。很多客户做投资理财，并没有明确的目标。这样其实是不科学的，所以我们首先都会帮助客户梳理自身的需求。通常而言，生活中一定需要花钱的地方，就是我们必须解决的问题所在，比如养老或者子女的教育。近期，很多客户来咨询养老规划方面的产品,您也可以多了解一下。

(以上为指出客户痛点。)

客户:你讲的有道理,我也有过这样的想法。你可以展开讲讲吗?

销售人员:嗯,好的。养老规划肯定要落实到具体的产品或者产品组合上。我一般都会给客户做全面的分析。一款好的养老产品,主要看三点:第一,有极高的安全性;第二,可以提供源源不断的、与生命等长的现金流;第三,稳定的增值。

我来简单地给您解释一下。

首先,养老问题是我们未来一定会面临的问题。这意味着我们必须保证未来有一笔钱来解决养老问题。具体到产品而言,则必须有极高的安全性,能规避各种风险。所以,缺乏安全性保障的产品,我们都不会给客户推荐。

其次,养老生活每年都需要花钱,所以我们必须保证对接的产品每年都能给客户一笔钱花,也就是说,产品要能提供源源不断的现金流。其中最关键的是,产品提供现金流的时间要与客户的生命等长。

有时候,客户会有一些不专业的想法,比如:"目前我的存款已经很充足了,花到80岁也没问题,不需要做养老规划！"客户这样说，我们当然也很理解，但他忽略了一个最关键的问题——长寿。目前我国的人均寿命在不断增加，别说活到80岁，活到90岁、100岁也很有可能。如果我们的存款只准备到80岁，那么80岁以后，我们养老的钱从哪里来呢？所以，我给您推荐的产品还必须能提供与生命等长的现金流。这样您活多久，这笔钱就可以领多久。

最后，养老不能忽视经济问题。如今，全球经济每年都有下滑的趋势，通胀比较严重。也就是说，我们养老的钱不仅每年都要花，而且每年也都在涨。所以，能满足客户养老需求的产品，还必须能实现稳定的增值，对冲通胀的风险。

根据以上原则，我为您推荐一款我行代理销售的养老保险产品，它正好可以完美地满足以上三点。我为您具体讲解一下？

客户：好的。你说的有道理，我先来听听。

（以上为导入先导观点，运用了定义法中"好产品，主要看三点"的经典技巧。）

销售人员：……

（该步骤为产品介绍，此处省略。）

客户：我听完了。商业养老保险确实是有一定好处的。但我个人觉得，保险产品的收益还是偏低了一点，收益性不够好。

销售人员：是的，先生。保险产品的收益必须以安全和稳定为前提，它不是我们通常理解的高收益产品。但产品的收益性好不好，不能只看收益的高低，也要看收益的长短。您看是这个道理吧？理财产品的收益确实高，但保险产品的特点不是收益高，而是收益长！这主要看您的需求，是要一两年的收益，还是要长久的收益。所以，保险产品只是收益不够高，并不是收益性不够好。

（以上为松动客户观点，处理客户的拒绝性问题，反复运用了定义法，重构客户对"收益"的定义。）

客户：有道理。但我觉得这款保险产品的缴费期太长了，要缴十年的保费啊！

销售人员：是的，先生。这款产品初看缴费期很长，其实是最为客户着想、最经济的方法。为什么这样说呢？因为您缴钱的时间越长，每年缴的钱就越少，这样您就能用最少的钱办成最大的事儿！养老是未来必须要解决的问题，既然如此，不如慢慢解决，用最小的代价解决。这样，您手里剩下的钱会更多，您可以拿这些钱去投资，获取高收益。所以，正因为缴费期长，您才更要投保，不是吗？

（以上运用因果换框法，拓展客户思维。）

客户：嗯，从这个角度来看，这款产品确实是不错的。

销售人员：是的，先生，很多客户喜欢这款产品。您看，要不要我今天就为您办理一份？

客户：好的。

（以上为促成交易，做收尾。）

点评：

在以上示范中，我运用理念销售五步法，成功构建了一个完整的销售篇章。

具体来说，我充分运用定义法导入了一个先导观点，为客户建立了一套选择养老产品的专业标准。在此前提下，商业养老保险无疑是最佳选择之一。接着，我便可以顺水推舟，开始介绍保险产品。

同时，先导观点的导入，也能起到前置处理客户拒绝性问题的作用。客户一旦理解了先导观点，大概率不会再提出以下拒绝性问题：

（1）我其实考虑过投资股票来筹备养老金。（此选择违背了第一个标准——极高的安全性。）

（2）我其实考虑过以出租房子作为养老金的来源。（此选择违背了第二个标准——提供源源不断的、与生命等长的现金流，毕竟房屋出租不能完全避免"断档期"。）

接下来，对话进入拒绝性问题处理的环节。虽然前置处理拒绝性问题，能够降低客户提出拒绝性问题的概率，但并不能完全消除客户的疑问，我依然需要处理客户残留的问题。在说服客户的过程中，客户提出了"保险收益低"和"缴费期长"两个拒绝性问题。我反复运用定义法拓展了客户对于"收益"的认知，解决了客户的第一个拒绝性问题。接着，我运用"因果换框法"，引导客户看到缴费期长对自己有利的一面，进而解决了客户的第二个拒绝性问题。

最后，在客户表示认同后，我进行了促成交易的工作，成功地让客户选择购买产品。

场景二：倡导"自重健身"的理念

销售不一定要有具体的产品，也可以是传递一种理念、导入一个观点、激发一个行为。

假设公司领导让你写一篇营销软文，针对的客户是因为工作需要经常出差的商务人士，目的是说服客户接受"自重健身"的理念，并宣传公司的产品。那么，你应该如何运用理念销售五步法来构建这篇软文呢？

我的示范如下。

现代人的工作压力大,所以不少人喜欢在业余时间进行健身锻炼,保持身体健康。这是一个非常好的习惯。但是,很多商务人士因为经常出差,不一定能随时找到健身房,结果导致自己的健身计划非常不规律。这是非常让人苦恼的一个问题。

(开门见山,指出受众痛点。)

其实,解决没有固定健身房这一问题的方式有很多,比如市面上很常见的便携式器械。但无论哪种方式,都要遵循健身的四个标准:负重、方便、安全、经济。

(用定义法导入先导观点,建立标准。)

首先,没有负重的健身肯定不是完整的健身,只有适当地增加负重,才能锻炼我们的肌肉。尤其是男士,都希望锻炼出一个强壮的体魄。专业的健身房器械丰富,比如杠铃和大重量的哑铃,都能很好地锻炼我们的肌肉。但在出差期间,这一点确实很难得到满足。很多朋友会选择携带弹力带或拉力器,来锻炼负重。这种方式确实可以在一定程度上锻炼负重,但效果远远不及哑铃或者杠铃。其次,携带健身器械也难以满足第二个标准：方便。毕竟要把一套器械塞进空间本不宽裕的旅行箱，是一件令人烦恼的事情。再次，我们必须考虑锻炼的安全性。在健身房，我们有专业的教练进行指导，可以确保我们锻炼时安全。但是独自锻炼，我们就要考虑自己携带的器械是否存在安全隐患。最后，我们也要考虑经济实用性。如果便携式器械满足了以上三点，却价格昂贵，可能还是会让我们望而却步。

那么，有没有同时满足以上四点的健身方式呢？答案是肯定的。近些年流行的"自重健身"正在受到广泛的关注。"自重健身"最重要的理念是：你的身体就是一座健身房。很多朋友可能会有疑惑，为什么"自重健身"能够达成我们的锻炼目标呢？

（运用"先导—推导—结论"技巧，引出"自重健身"理念。）

其实，原理很简单。

第一，充分利用杠杆。增加负重不一定要利用器械，也可以充分利用杠杆。比如，很多朋友觉得单纯的俯卧撑难以满足自己的负重要求，则完全可以尝试挑战单手俯卧撑。

第二，方便。我们只需要"携带"正确的理念和知识，以及自己的身体，其他的几乎都不需要。难道还有比这更方便的方式吗？

第三，相对安全。任何器械锻炼都无法完全避免伤害的发生。而"自重健身"因为不需要器械，所以很少会有高难度的动作。相比卧推等动作，"自重健身"更加安全可靠。

第四，经济。我们完全不需要额外花钱去购买器械，仅靠自己"免费"的身体就可以了。

（介绍"自重健身"理念，本质上是产品介绍。）

虽然很多朋友接受了"自重健身"理念，但在理解上仍然存在一些误区。最常见的误区是，轻视"自重健身"的科学体系。不少人认为："'自重健身'不就是做俯卧撑、下蹲这些动作吗？我马上就能自行锻炼，不需要学习新知识。"如果这样想，那就大错特错了。其实，"自重健身"是一套科学、完备的体系，根据我们身体素质和训练基础的不同，它的每个动作都会发生很多的变化。拿俯卧撑来说，就有普通俯卧撑、钻石俯卧撑、宽距俯卧撑、单手辅助俯卧撑、单手俯卧撑等不同招式的变化。盲目锻炼并不能取得令人满意的健身效果。

（以上为拒绝性问题处理部分。）

我们最近推出了一本关于"自重健身"的新书。您购买这本书后,还可以加入俱乐部成为会员,我们的专家会在线答疑,随时对您进行指导。现在这本书仅售99元,赶快行动吧!

(最后促成交易。)

点评:

一篇营销软文,本质上也涉及一套完整的销售流程,所以理念销售法的技巧同样适用。由于营销软文是"单向沟通",我们无法马上采集到客户的反馈信息,也就是我们不知道客户的拒绝性问题是什么,所以只能依靠经验进行猜测。

为了解决这一问题,我示范了一种技巧——常见误区。运用"我们常见的误区有……"这一句式,代替客户说出拒绝性问题,进而顺水推舟地处理拒绝性问题,直至最后的促成交易环节。

通过以上两个应用场景,我为大家完整地演绎了理念销售五步法的具体应用,希望能够帮助大家更好地串联起本书的所有知识点。此外,大家不难发现,这两篇示范文的整体逻辑结构如下:

（1）指出痛点

（2）导入观点：这件事，主要看三点……

（3）给出方案：那有没有能满足以上标准的产品呢？答案是有的……

（4）处理拒绝性问题：这里还有一些常见误区，比如……

（5）促成交易

在这个逻辑结构中，第二步是第三步的伏笔，第四步是第三步的强化。这三个步骤环环相扣，是理念销售法发挥作用的最重要的部分。当大家熟练地掌握这个标准的逻辑结构后，就几乎可以处理任何销售、沟通、说服等方面的问题。下面我举几个例子。

关于理财

（1）指出痛点：在当前的经济形势下，我们的投资渠道越发吃紧，如何保值增值成为痛点……

（2）导入观点：正确的投资理念，主要看三点……

（3）给出方案：那有没有能满足以上理念的产品呢？答案是有的……

（4）处理拒绝性问题：这里还有一些常见误区，比如……

（5）促成交易：所以，今天给大家推荐我们最新的主打产品……

关于健康

（1）指出痛点：现代人的生活压力大，亚健康状态频出，失眠成为人们很大的困扰……

（2）导入观点：辅助睡眠的方法有很多，但我们应该看重如下三点……

（3）给出方案：那有没有能满足以上标准的具体产品呢？答案是有的……

（4）处理拒绝性问题：这里还有一些常见误区，比如……

（5）促成交易：所以，今天给大家推荐我们最新的主打产品……

关于汽车

（1）指出痛点：如何在低预算区间选择一辆好车？

（2）导入观点：这件事，主要看三点……

（3）给出方案：那有没有能满足以上标准的产品呢？答案是有的……

（4）处理拒绝性问题：这里还有一些常见误区，比如……

（5）促成交易：所以，今天给大家推荐我们最新的主推车型……

写在文末
——尊重人，了解人，帮助人

至此，我已经毫无保留地把理念销售法的全部技巧传授给了大家。我希望大家学完理念销售法后，在日常生活和工作中，能够不断地加以练习和运用，这样才能熟练地掌握该方法，并使其变成自己思维的一种本能，在工作和生活中成为沟通高手。

在本书的最后，我来回答一些学员经常问的问题，以帮助大家更好地理解和掌握理念销售法这门学问。

问题一：理念销售法需要用到专业知识吗？

需要，而且非常有必要。理念销售法主要涉及语言逻辑学的知识，其中也包含部分心理学的知识和技巧。在结合自身专业知识的前提下，运用相关技巧，我们可以更好地帮助客户梳理其深层需求。打个比方，理念销售法是"招式"，而每个行业的专业知识则是"内功"，二者缺一不可。仅靠语言逻辑的技巧去说服客户，是不现实的。

问题二：除了已经讲的技巧，理念销售法还包含其他技巧吗？

理念销售法是一门开放的学问。本书讲述的相关技巧，是我在大量的实践基础上，长时间总结出来的原创技巧，但理念销售法的技巧不仅限于此。我们只要掌握语言逻辑的本质，就可以不断地丰富和发展自己的技巧。我非常鼓励大家未来在实践中创造属于自己的技巧。

问题三：理念销售法和诡辩有区别吗？

这是一个非常重要的问题，也是很多学员会提的问题，因此我必须做详细的解答。

表面上来看，理念销售法和诡辩有相似之处，二者都是从语言逻辑入手的，但是它们的基本内核是完全不一样的。首先，我们来看一下《现代汉语词典》中"诡辩"的基本含义。

（1）外表上、形式上好像是运用正确的推理手段，实际上违反逻辑规律，做出似是而非的推论。

（2）无理狡辩。

根据以上内容，我们可以看出，理念销售法与诡辩的区别有以下四点：

（1）理念销售法基于事实，诡辩则扭曲事实。具体来说，理念销售法是在尊重事实的基础上，对事物进行多角度的合理解读；诡辩则是基于表面的语言表达而非事实进行论证。

（2）理念销售法依靠逻辑规律，诡辩则违反逻辑规律。

（3）理念销售法有助于我们提升认知，厘清思路，进而帮助我们更好地识别与破解诡辩。

（4）理念销售法最核心的原则是"尊重人，了解人，帮助人"。这是它和诡辩的根本不同之处。

为了帮助大家更深刻地理解上述内容，我们来分析一个中国经典的诡辩命题——白马非马。

在"白马非马"这个命题中，其基本逻辑推理如下所示。

```
马是对形状的规定
        ↓
白马是对色彩的规定
        ↓
形状和色彩是两个概念
        ↓
所以马和白马也是两个概念
        ↓
两个概念是不同的、毫不相关的
        ↓
所以白马和马也是不同的、毫不相关的
        ↓
所以白马不是马
```

用图来表示上述推理，我们的思路会变得更清晰。

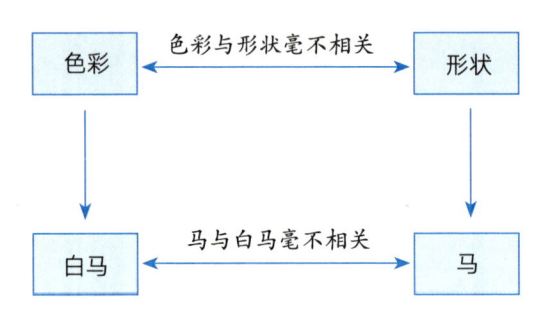

```
┌──────┐  色彩与形状毫不相关  ┌──────┐
│ 色彩 │◄────────────────►│ 形状 │
└──────┘                    └──────┘
    │                            │
    ▼                            ▼
┌──────┐   马与白马毫不相关   ┌──────┐
│ 白马 │◄────────────────►│  马  │
└──────┘                    └──────┘
```

我们可以发现，"白马非马"这一命题的基本论点（在理念销售法中，我们称之为先导观点）是"色彩和形状毫不相关"，其所有的推理过程和结论都基于此论点。那么，这一论点是基于事实的吗？很明显不是。

"色彩"和"形状"的确是两个不同的概念，但二者是有关联的，因为它们是"马"这个物种的两个特征。该诡辩命题基于"色彩"和"形状"不同，生硬地推论出"白马"和"马"不同，是对事实的扭曲。

站在理念销售法的立场，通过上堆的技巧，我们可以将"形状"和"色彩"这两个概念上堆于"马"这个大概念之下，进而轻易地破解诡辩。

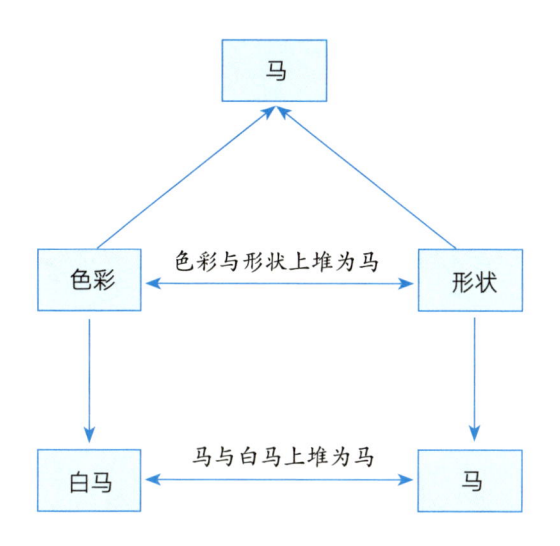

```
                    ┌──────┐
                    │  马  │
                    └──────┘
                     ↑    ↑
                    ╱      ╲
    ┌──────┐  色彩与形状上堆为马  ┌──────┐
    │ 色彩 │ ←─────────────────→ │ 形状 │
    └──────┘                      └──────┘
        │                             │
        ↓                             ↓
    ┌──────┐   马与白马上堆为马    ┌──────┐
    │ 白马 │ ←─────────────────→ │  马  │
    └──────┘                      └──────┘
```

由此可见，诡辩完全违背了"尊重人，了解人，帮助人"的原则，自然无法取得令人信服的效果。理念销售法则是在完全尊重客户、尊重事实的基础上，帮助客户多角度地去发现和思考问题，其效果必然是显著的。

问题四：理念销售法可以线下学习吗？

可以，而且应该尽可能地参加线下学习。理念销售法是一种实操技巧，需要不断地练习，也需要老师当面给予指导和点评。参加线下学习，能够更好地掌握这门技巧。